국가론

LES SIX LIVRES DE LA RÉPUBLIQUE

책세상문고·고전의 세계

국가론
LES SIX LIVRES DE LA RÉPUBLIQUE

장 보댕 지음
·
임승휘 옮김

책세상

일러두기

1. 이 책은 장 보댕Jean Bodin의 《국가론*Les six livres de la République*》(1576) 중 서문, 제1서 1장, 제1서 8장을 옮긴 것이다. 이들은 순서대로 이 책의 서문, 제1장, 제2장에 해당한다.

2. 번역 대본으로 1583년에 파리의 자크 뒤 퓌Jacques du Puy 인쇄소에서 출간된 판본을 사용했다. 이 판본에는 당시의 관례대로 단락 구분, 마침표, 쉼표 등이 없으나 이 책에서는 독자의 이해를 돕기 위해 단락을 나누고 쉼표와 마침표를 넣었다. 이를 위해 제라르 메레Gérard Mairet가 발췌해 현대 프랑스어로 옮긴 《국가론*Les six livres de la République*》(Paris: Le Livre de Poche, 1993)을 참조했다.

3. 굵은 글씨는 이해를 돕기 위해 옮긴이가 강조한 것이다.

4. ( ) 안의 글은 이해를 돕기 위해 옮긴이가 삽입한 것이다.

5. 주는 모두 옮긴이주이며, 후주로 처리했다.

6. 주요 인명과 책명은 최초 한 번에 한해서 원어를 병기했다.

국가론 | 차례

장 보댕Jean Bodin(1529~1596)과 그의 주저《국가론*Les six livres de la République*》의 명성을 새삼 강조할 필요가 있을까? 아쉽게도 그럴 필요가 있으리라 생각된다. 정치학도와 역사학도, 그것도 서양 근대 정치사상사 전공자가 아니고는 500년 전에 살았던 프랑스 사상가와 그가 남긴 저서를 알아봐줄 사람이 별로 없는 것이 현실이기 때문이다. 게다가 사상가가 오늘날 지구상에서 거의 사라지다시피 했거나 아니면 박제되다시피 한 왕정을 최고의 정치 형태로 여긴 인물임을 알게 된다면 사람들은 그의 주장을 케케묵고 불필요한 먼지만을 일으키는 것, 그래서 굳이 알지 못해도 그다지 손해 볼 것 없는 것으로 여기기 쉽다. 더군다나 국가의 의미와 힘 그리고 중요성이 눈에 띄게 감소해가는, 적어도 일반인들에게 더 이상 그다지 큰 의미로 다가오지 않는 이 시점에, 근대 국가가 형성되기 시작할 무렵에 형성된 국가에 대한 사유를 새삼스레 들먹이는 것이 매력적으로 비치지는 않을 것이다.

그러나 분명한 것은 우리가 국가와 함께 살아가고 있으며, 이 국가는 '근대 국가'라고 불리는 역사적 형성물——국가는 결코 자연적인 존재, 하늘에서 뚝 떨어진 존재, 또는 항상 그 자리에 있어온 존재가 아니라는 것을 분명히 하자——의 연장선상에 있다는 점이다. 우리는 국가와 불가분의 관계를 형성하고 있다. 민주주의라는 제도가 보장하는 이른바 '주권의 행사'를 통해 우리는 국가를 지지하건 혐오하건 국가의 운명에 어떠한 방식으로든 참여하고 있는 것이다. 그렇다면 국가의 본질은 무엇이며 우리가 행사한다고 하는 주권의 속성은 어떤 것인지, 또 주권이 어떻게 만들어져왔는지에 대해 스스로 물음을 던져보는 것이 무의미한 일일까? 오히려 그것은 우리가 반드시 짚고 넘어가야 하는 물음이 아닐까? 예를 들어 국가의 개념과 본질에 대한 질문을 받았을 때, 혹은 단순하게 '당신의 조국' 그리고 그 자랑스럽던 "대~한민국"을 목이 터져라 외쳐댈 때, 그것이 우리의 머리 안에 그려놓는 이미지와 표상이 토끼나 호랑이 형상을 한 '무궁화 삼천 리 금수강산'의 한반도나, '붉은 악마'로 가득한 시청 앞의 모습, 혹은 천금 같은 골을 넣은 후 축구장을 가로지르며 환호하는 선수들의 모습은 아닌가? 대한민국이라는 국가의 본질은 과연 그것으로 충분한가? 분명 그렇지 않다. 국가의 개념은 그러한 표상과 상징만으로는 결코 설명되지 않는다. 그러한 국가의 표상과 상징은 말 그대로 지리적 요소 등과 같은 국가의 외적 요소들을 환기하는 것일 뿐, 국가의 개념을 정의해 주는 것은 결코 아니기 때문이다.

이러한 점에서 국가와 주권에 대한 화려한 이론서이자 근대 국가의 '출생 신고서'로 간주되는 보댕의《국가론》은 아직도 유효성을 상실하지 않았다고 할 수 있다. 그리고 학문적인 영역에서, 최소한 서양 근대사와 사상사의 영역과 정치학의 영역에서 보댕이 차지하는 위치는 두말할 나위 없이 중요하다. 현기증을 느끼게 할 만큼 고전에 대한 박식을 자랑하는 그의 이 저술은 언제나 제안적이다. 보댕은 분명 프랑스 르네상스가 배출한 위대한 지성 중의 한 명이다. 그러므로 프랑스의 절대 왕정과 근대 국가의 형성을 설명하면서 보댕을 언급하지 않는 것은 불가능하다. 또 근대적인 주권론에 대한 논의를 설명하면서 보댕을 언급하지 않는 것 역시 불가능하다. 때로는 세속적 국가 이론의 개혁자로, 때로는 절대주의 정치 이론의 개척자로 간주되는 보댕의 이론과 발견은 르 브레Cardin Le Bret나 보댕의 직접적인 후계자인 루아조Charles Loyseau 같은 주권 이론가, 홉스Thomas Hobbes 그리고 현대 민주주의 이론의 개척자로 알려진 루소Jean-Jacques Rousseau에 이르기까지 많은 사상가들에게 영향을 미쳤다. 보댕이 자신의 국가관과 그 핵심 개념인 주권론을 피력한《국가론》[1]은 1576년에 탄생했다.

백년전쟁의 위기를 극복하고 점차 중앙집권적인 왕정 국

가로서의 모습을 갖추어나가고 있던 프랑스는 16세기 중반에 또 한 번의 심각한 위기, 즉 위그노 전쟁(1562~1598)을 치러야 했다. 이 위기는 왕국의 오랜 전통 중의 하나인 기독교에 의해, 엄밀히 말하자면 기독교의 개혁 운동에 의해 초래되었다. 프랑스뿐만 아니라 전 유럽을 휩쓸며 유럽인의 감성에 지울 수 없는 흔적을 남긴 1517년의 종교 개혁은 프랑스에서 전통적인 로마 가톨릭 세력과 프로테스탄트 세력 사이의 갈등과 무력 대결을 야기했고, 이는 약 한 세대 동안 지속된 내전으로 발전했다. 그리고 내전은 국가의 존립을 위협할 정도로 왕정과 국가의 근본 질서를 뒤흔들었다. 보댕의 《국가론》은 바로 이러한 위기의 국면에서 구상되고 집필되었으며, 국가의 본질에 대한 근본적인 물음에서 시작해 현실적인 정치의 대안을 제시하고자 했다.

《국가론》은 제목에서 알 수 있듯이 총 여섯 부분으로 구성되어 있다. 모두 열 개의 장으로 이루어진 제1서는 이 책이 소개하는 '제1장 좋은 국가가 지향하는 주요 목적은 무엇인가'에서 시작하여 가족, 남편의 권리, 아버지의 권리, 영주권, 시민, 보호 관계, 주권론, 봉건 군주 등에 대한 개념적 고찰을 차례로 거치며, 마지막 장에서는 주권의 진정한 표식들을 설명한다. 제2서는 일곱 개의 장에 걸쳐 다양한 형태의 국가 체제를 고찰한다. 고대 국가에서부터 보댕의 시대에 이르기까지, 스파르타에서부터 베네치아와 프랑스의 국가 체제에 이르기까지의 다양한 국가 형태를 소개하고, 이를 봉건 왕정, 왕정, 폭군정, 귀족정, 민주정의 순으로 분석한다. 그리고 일곱 개의 장으로 이루어진 제3서는 관직 보유자와 법관, 주권자와의 관계를 고찰하면서 국가를 구성하고 있는 다양한 공적 직책과 공동체의 문제를 언급한다. 제4서의 첫 장은 국가의 흥망성쇠에 대한 사적 유형화를 시도하면서 왕정과 귀족정 그리고 민주정의 특성을 분류한다. 여기서 역사를 돌이켜보는 것은 국가의 미래, 즉 국가가 경험할 수 있는 변화의 상황을 예측하고 이에 대응할 수 있다고 보기 때문이다. 이는 역사의 교훈을 통해서 안정된 국가를 유지하는 방법을 다각적으로 검토할 수 있다는 전통적인 역사관을 보여준다. 군주의 덕목과 행동 규범, 관직자의 자질, 국가의 분열에 대한 군주의 올바른 처신 문제에 대해 역사는 훌륭한 교재의 역할을 한다고 보댕은 간주했던 것이다. 제5서의 1장은 백성의 본성을 이해하는 방법과 국가의 형태를 다양한 인간들과 조화시키기 위한 방법을 설명한다. 각각의 지역과 지형에 따라 인간의 성격은 달라질 수밖에 없으므로, 훌륭한 국가는 바로 이러한 차이점을 반영하고 언제나 최적의 형태를 추구해야 한다는 것이다. 이어서 2장은 국가를 위협하는 주된 요인들과 그에 대한 대처 방법, 3·4장은 형벌 제도, 마지막 5·6장은 전쟁과 국가 간의 협약에 대해 설명한다. 마지막 제6서는 먼저 1·2·3장에 걸쳐 검열, 재정, 화폐 주조의 문제를 다룬다. 그리고 4장과 5장은 이제까지 논의된 주권과 국가의 개념과 본질을 바탕으로 보댕 자신의 정치적 입장을 피력한다. 즉 여기서 그는 여러 국가 형태를 비교하면서 궁극적으로 왕정이 지닌 우수성을 강조한다. 그리고 마지막 장은 국가의 또 다른 본질인 정의의 문제를 언급하며 책을 마감한다.

　국내에 이 고전이 아직 번역되지 않았다는 것은 놀라운 일이다. 아마도 그 방대한 분량——판본에 따라 차이는 있지만 대략 1,000쪽이 넘는다——이 번역을 희망하는 사람들을 주눅 들게 하거나 아니면 포기하는 쪽으로 이끌었을 것이 분명하다. 옮긴이의 경우에도 마찬가지여서, 이 책을 통해 단지 발췌, 번역하게 되었다. 이 책에 실린 부분은 서문, 제1서 1장 좋은 국가가 지향하는 주요 목적은 무엇인가, 제1서 8장 주권에 관하여다. 물론 이 정도의 부분적인 글을 가지고는 보댕의 방대한 저서에 충분히 접근하기란 힘들 것이다. 그러나 원전의 무질서하고 반복적인 배열을 피해, 그의 정치 이론의 핵심인 국가와 주권의 개념에 바로 접근할 수 있다는 것은 이 책 나름의 장점이다. 이 책에 실린 두 개의 장에서 보댕이 시도한 것은 국가와 주권에 대한 명확한 개념 정립이었다. 보댕에 따르면 올바른 정의란 결국 제기된 문제의 결론이기도 한데, '좋은 국가가 지향하는 목적'과 '주권'에 대한 정의는 그가 희망했던 올바른 정치의 진정한 초석이었던 셈이다. 이러한 개념 정립이 필요한 이유는 분명했다. 그의 말을 빌리면 "만일 올바른 정의를 내리지 못한다면, 그 위에 세워질 모든 논의는 사상누각이 되어버릴 것이기 때문이다". 신비에 가려진 중세의 정치적 이상론에서 벗어나 냉정한 분석 아래 놓이게 될 국가와 국가에 '형상'을 부여하는 주권, 이 두 가지 야말로 《국가론》의 이론적인 기초이자 가장 핵심적인 내용이다.

16세기 말에 제기된 국가와 주권에 관한 이러한 논의는 분명 그 시대의 맥락에서 이해할 필요가 있다. 보댕의 주권론을 바탕으로 한 국가는 분명 그 개념상 현대의 국가와는 근본적인 차이를 지니고 있기 때문이다. 예를 들어 보댕은 개인이 아니라 가족을 사회생활의 기본 단위로 상정한다. 국가의 기원과 관련해서도 그는 국가를 역사적으로 가족에서 유래한 것으로 간주한다. 남편과 아내 그리고 자식과 재산으로 구성되는 가족은 자연의 산물이다. 그는 결코 개인에게 주목하지 않으며, 개인의 자유에 대해서는 더욱더 언급할 필요를 느끼지 못한다. 게다가 그가 말하는 권위는 가정 내에서의 가부장적 권위에 토대를 두고 있다.

국가에 대한 정의에 이은 보댕의 주권 이론은 아마도 보댕이 서구 정치사상사에 미친 가장 중요한 공헌이라고 말할 수 있을 것이다. 그에 따르면, 주권이 있는 곳에 국가가 있으며 주권 없는 국가란 존재하지 않는다. 법에 의해 어떠한 제한도 받지 않으며 시간에 구속되지 않는 영속적인 주권이야말로 최고의 권력이면서 국가의 본질적인 속성이다. 한마디로 주권은 국가의 절대적이고 영속적인 권력이다. 16세기에 보댕이 제시한 주권 이론에는 현대의 주권 개념에서 여전히 살아 숨 쉬는 본질적인 속성들이 담겨 있다.

옮긴이 임승휘

서문

국왕 개인 참사회 위원이자 피브라크의 영주이신 뒤 포르 님께

왕국과 제국 그리고 전체 인민을 수호하는 것은 신의 의지에 달려 있는 일이지만, 그와 동시에 훌륭한 군주와 현명한 통치자의 능력에 달려 있는 일이기도 합니다. 바로 이 때문에 사람들은 군주와 통치자가 권력을 유지하고 정해진 신성한 법을 집행할 수 있도록, 그들의 말과 글에 기꺼이 복종하는 것입니다. 이는 만인을 위한 공공선이 구현되고 개인의 이익이 실현되도록 하기 위함입니다. 이것은 모두를 위해 공정하고 바람직한 일이기도 합니다. 그러나 마땅히 그러해야 할진대, 오늘날 우리는 그 당연한 것으로부터 매우 멀어져 있습니다. 국가가 순풍에 돛을 단 듯이 평화롭게 항해하고 있는 동안 사람들은 갖은 쾌락에 익숙해져버립니다. 그리고 상상 가능한 온갖 장난과 허식, 위선 속에 머무르며 오로지

안정되고 확실한 안식만을 즐기려고 합니다. 하지만 강한 비바람이 배를 위태롭게 할 때, 그래서 선장과 선원들이 잠시도 쉴 틈 없는 뱃일에 지쳐 기진맥진해할 때, 승객들은 돛을 내리거나 밧줄을 잡아당기거나 닻을 내리는 일을 도와야만 합니다. 힘없는 승객들까지도 경보를 울리거나, 그것도 못한다면 적어도 태풍을 잠재우고 바람을 부릴 수 있는 바로 그분께 기도하고 소원을 빌어야 할 것입니다. 왜냐하면 그들은 모두 같은 위험에 처해 있기 때문입니다.

마른 땅에 서서 콧노래를 부르며 난파의 위험에 처한 우리나라의 재난을 구경하고 있는 적들에게는 기대할 게 아무것도 없습니다. 그들은 이미 우리가 내버린 가장 값비싼 보물로 배를 채우기 시작하고 있습니다. 그 보물은 한때 독일 제국 전체, 헝가리, 에스파냐, 이탈리아의 왕국들, 그리고 골 지방에서 라인강에 이르는 모든 지방을 같은 법 아래 두고 군림했던 우리 왕국을 유지하기 위해 우리가 부단히 만들어내야 했던 것들입니다. 이제 우리 보물의 규모는 작아졌고, 그나마 남아 있는 것조차 우리 스스로 갉아먹어버리면서, 날카로운 암초 사이에서 깨어지고 부서질 위험에 처해 있습니다. 그러므로 우리는 노력해야 합니다. 간절히 원한다면 목적지에 도달할 수 있으리라는 희망을 간직한 채, 폭풍우를 뚫고 하늘이 계시한 구원의 항구에 닿기 위해 신성한 닻들을 던지려는 노력을 계속해야만 합니다. 이것이 미천한 제가 프랑스어로 이 국가론을 집필하게 된 까닭입니다. 속어를 사용하게 된 것은 라틴어로 쓰인 자료들이 거의 사라진 탓도 있지만——내전의 만행이 계속된다면 이마저 완전히 고갈되어 버릴 것입니다——그보다는 모든 프랑스인이 좀 더 잘 이해할 수 있도록 하기 위해서입니다. 여기에서 모든 프랑스인이란 물론 군사적인 면에서나 법적인 면에서 강력했던 과거 우리 왕국의 융성함을 다시금 일으켜보려는 부단한 열망과 의지를 지닌 사람들을 말합니다. 물론 모든 사물들을 집어삼키는 급류에 무릎을 꿇는 것이 당연하듯이, 결코 몰락하지 않고 찬란한 아름다움을 유지하는 국가란 과거에도 없었고 앞으로도 없을 것입니다. 그러나 최소한 우리는 그러한 변화를 부드럽고 자연스럽게, 가능하다면 커다란 충격 없이 그리고 무엇보다도 피흘림 없이 이루어내야 합니다. 이것이 제가 이 책에서 다루고자 하는 내용입니다. 저는 가족, 주권의 개념, 국가를 구성하는 각 부분들, 가령 주권 군주, 국가의 유형, 원로원, 관리, 법관, 다양한 단체와 공동체, 그들의 힘과 의무에 대해 논했고, 국가의 기원과 성장, 번성과 변화 그리고 쇠퇴와 몰락을, 또한 제대로 이해할 필요가 있다고 생각되는 다른 많은 정치적 문제들을 다루었습니다. 그리고 결론에서는 분배적 정의, 교환적 정의, 조화의 정의를 언급하면서, 이 세 가지 정의야말로 잘 정비된 국가가 지닌 특징임을 보여주고자 했습니다.

저의 글이 간략함을 좋아하는 이들에게는 너무 길게 느껴질 수도 있을 것입니다. 그러나 저는 다른 책들이 오히려 너무 짧다고 생각합니다. 거의 무한한 내용을 함축하고 있는 주제의 중요성에 비추어볼 때 이런 글은 결코 짧을 수 없으며 그런 점에서 이 책의 분량이 결코 많다고는 할 수 없을 것입니다. 그리고 모든 학문의 여왕이라고 할 수 있을 국가에 관한 연구는 모든 분야의 수없이 많은 책들 중 고작 서너 권에 지나지 않습니다. 플라톤과 아리스토텔레스는 정치론을 너무 짧게 다루어서 그것을 읽은 이들을 만족시키기보다는 오히려 갈증을 느끼게 합니다. 게다가 그들의 책은 쓰인 지 거의 2,000년이 지났으며, 그간의 경험은 정치학이 오랜 세월 동안 짙은 어둠에 가려져 있었다는 사실을 명백히 보여주었습니다. 플라톤조차 정치학은 너무나 희미하여 거의 아무것도 볼 수 없었다고 고백하고 있습니다. 플루타르코스가 국가의 문제에 능통한 소수의 사람들을 최고의 현인이라고 일컬은 것도 바로 이러한 까닭입니다.

국가에 관하여 대충 글을 쓰거나 개인의 이익을 보장하는 법과 공적 권리에 대해 잘 알지도 못한 채 세상사를 논해온 자들, 감히 말하건대 이런 자들은 정치 철학의 신성한 신비를 오염시키는 자들입니다. 이들의 행동은 훌륭한 국가들에 혼란과 전복을 일으키는 화근이 되기도 했습니다. 마키아벨리Niccolò Machiavelli가 바로 그러한 예입니다. 그는 폭군들의 포주 사이에서 인기를 끌었는데, 조비오Paolo Giovio[2]도 그를 뛰어난 인물이라고 평하기는 했지만 궁극적으로는 올바른 학문이 무엇인지 알지 못하는 무신론자라고 평가했습니다. 마키아벨리는 자신의 글로써 무신론을 고양시켰습니다.

지식에 관하여 말하자면, 박식하게 논증하고 현명하게 판단하며 국가의 중요한 문제들을 세심하게 해결하는 데 익숙한 사람들은 그가 정치학의 근처에도 가지 못했다는 데에 동의하리라고 생각합니다. 정치학은 마키아벨리가 이탈리아 전역에서 그 예를 찾아낸, 그리고 자신의《군주론Il principe》에 부드러운 독처럼 스며들게 한 폭군의 간계와는 분명 다른 것입니다. 그는 역사상 가장 교활한 성직자의 자식을 하늘 높이 치켜세워 모든 왕들의 귀감으로 삼아버렸습니다. 그 인물은 모든 간계를 동원하여 간악한 방법으로 높고 위험한 폭군의 암벽 위를 서둘러 기어올라 그 꼭대기에 둥지를 틀었지만, 결국에는 부랑아처럼 적들에게 자비를 구하는 입장에 처했고 많은 이들의 야유를 받아야만 했습니다. 이러한 일은 불의와 독신瀆神을 국가의 기초라고 내세우면서 종교를 마치 국가에 대립하는 것인 양 내쳐버린 마키아벨리의 그 잘난 규범을 실천하며 흉내내던 다른 군주들에게도 똑같이 일어났습니다. 스키피오 아프리카누스Scipio Africanus[3]의 대리인이자 총독으로서 비록 무신론자였지만 당대 최고의 현명한 정치인으로 평가받는 폴리비오스Polybios[4]도 종교야말로 모든 국가의 근본이며 법이나 법관에 대한 백성들의 복종, 상호 간의 우애, 만인의 정의를 구현하기 위한 수단이라고 했습니다. 그는 로마인들이 제국을 확장하고 그들의 위업을 만천하에 알리는 데 종교보다 더 중요한 것은 없었다고 말하고 있습니다.

정의에 관해 말하자면, 마키아벨리가 훌륭한 작가들에게 잠시 눈을 돌리기만 했어도 그는 플라톤이 자신의 《국가Politeia》를 가리켜 모든 국가의 근본 중의 하나인 정의에 관한 책이라고 말한 사실을 발견할 수 있었을 것입니다. 로마에 파견된 아테네 대사 카르네아데스가 자신의 웅변술을 입증해 보이기 위해 하루는 불의를, 다음 날에는 정의를 찬양했는데, 그의 연설을 들은 대大 카토Marcus Porcius Cato[5]는 원로원에서 인민의 양속良俗을 변질시키고 타락시킬 수 있는, 그래서 훌륭한 국가를 전복시킬 수도 있는 그러한 대사들은 서둘러 추방해야 한다고 말했습니다.

정의를 무시하는 것은 또한 자연의 신성한 법을 부당하게 남용하는 것이기도 합니다. 자연의 법은 히브리의 현자가 말했듯이 악인의 손에서 왕권을 빼앗아 선하고 고결한 군주에게 맡기며 이 세상에서 선이 악에 승리하길 바라고 있습니다. 지극히 현명하고 정의로우신 자연의 위대한 신에게 천사가 복종하듯이, 인간은 천사의 명에 복종하고, 짐승은 인간에게, 육체는 영혼에, 땅은 하늘에, 그리고 욕망은 이성에 복종합니다. 이는 명령하기에 적합하지 않은 존재가 복종의 대가로 자신을 보존하고, 자신을 지켜줄 수 있는 존재에 의해 인도받는 것이 당연하기 때문입니다. 그런데 반대로 욕망이 이성에 복종하기를 거부하고, 개인들이 법관의 판결을 따르지 않고, 법관이 군주에게 불복하고, 군주가 신을 부정하게 된다면, 신께서 이 같은 모욕에 대하여 복수하실 것이며, 우리는 그분이 자신이 세운 영원한 법을 집행하기 위해 오시는 것을 보게 될 것입니다.

신께서는 왕국과 제국들을 좀 더 현명하고 고결한 군주들에게, 아니 더 정확히 말하자면 덜 불의하고, 인민의 통치와 문제들을 보다 잘 해결할 수 있는 자에게 맡기십니다. 그는 종종 의외의 인물이어서 승자와 패자들을 경악시키기도 합니다. 정의는 공정하고 완벽한 명령에 따르는 신중함을 의미합니다. 그래서 군주에게 폭정으로 권력을 유지하도록 불의의 규범을 가르치는 것은 국가와 관련해서 지극히 몰상식한 짓이며 위험한 결과를 초래할 수 있는 일입니다. 폭정보다 더 파괴적인 것은 없습니다. 왜냐하면 힘을 갖춘 불의가 절대적인 권력의 길을 걷게 되면 영혼의 난폭한 열정을 재촉하기 때문입니다. 탐욕은 강탈이 되고, 사랑은 간음이 되며, 분노는 광기가, 모욕은 살인이 되어버립니다. 보이는 것과는 전혀 다르게 천둥이 번개를 앞서 나가기라도 하려는 것처럼, 폭군으로 타락한 군주는 고소에 앞서 벌금을 부과하고, 증거가 제시되기도 전에 유죄 판결을 내려버립니다. 이는 군주와 그들의 국가를 멸망으로 이끄는 가장 위험한 길입니다.

마찬가지로 위험한, 아니 어쩌면 이보다 더 위험한 군주와 국가의 적수들이 있는데, 이들은 의무의 면제나 인민의 특권이라는 미명하에, 신하들을 그들의 군주에 대항해 반란을 일으키도록 유도하며, 방탕한 무정부 상태를 초래합니다. 이는 세상에서 가장 극악한 폭정보다도 더 사악한 것입니다. 또한 완전히 모순되는 글과 수단을 통해 국가의 파멸을 음모하는 두 부류의 인간들이 있습니다. 그들의 행동은 악의에서 비롯된다기보다는 국가 문제에 대한 무지에서 비롯됩니다. 저는 이 책에서 바로 이러한 문제들에 대해 답하고자 했습니다. 이 문제들에 대해서는 아직까지 제가 바라는 수준만큼 해명된 바가 없기 때문입니다.

제 친구들 중의 하나인 위므롤의 영주 리브르Nicolas de Livre는 대중에 대한 꾸밈없는 애정에 이끌려 저에게 이 작업을 독려했습니다. 그는 모든 진정한 학문을 사랑하는 우리 왕국 출신의 귀족입니다. 그리고 18년 동안 제가 당신을 접하면서 알게 된 바, 당신은 우리 왕국의 문제를 평판에 걸맞게 완벽하고도 능숙하게 처리해오면서 드높이 명예로운 지위에 오르셨습니다. 저는 당신께 이 책을 헌사해 제 작업에 대한 공정한 평가를 부탁드리는 것이야말로 최선의 선택이라고 생각했습니다. 이제 이 책을 당신께 바치오니, 뜻대로 검열하시고 생각하시는 대로 그 가치를 결정하소서. 당신의 뜻이 어디에서나 환영받으리라는 것에 대해서는 염려하지 마시기 바랍니다.

당신의 충성스러운 종

장 보댕

제1장

좋은 국가가 지향하는
주요 목적은 무엇인가

국가란 다수의plusieurs[6] 가족과 그들의 공유물로 이루어진, 주권에 의한 정당한 통치droit gouvernement다. 이러한 개념 정의를 먼저 제시하는 것은, 무엇보다도 국가의 주된 목적을 깨닫고, 아울러 그것을 달성하기 위한 수단을 찾는 것이 이 책의 목적이기 때문이다. 그런데 그 개념 정의란 국가가 지향하는 목적과 다름없다. 만일 올바른 정의를 내리지 못한다면, 그 위에 세워질 모든 논의는 사상누각이 되어버릴 것이기 때문이다. 물론 자기 앞에 놓인 주제의 목적을 발견한 사람이 항상 그에 도달할 방법을 발견하는 것은 아니다. 이는 실력 없는 궁수가 과녁을 보지 못하고 허공에 활을 쏘는 것과 마찬가지다. 그러나 노력하고 솜씨를 기르게 되면 과녁을 맞히거나 그에 근접할 수 있을 것이다. 그리고 만일 표적을 맞히지 못하더라도, 목적을 이루기 위해 최선을 다했다면 그는 존경받을 수 있을 것이다. 그러나 자신에게 주어진 문제의 이유와 그것의 올바른 의미를 이해하지 못한다면, 그는 목적을 이룰 수단을 찾으리라는 희망을 아예 포기하는 편이 낫다. 그것은 마치 대상을 보지 못한 채 허공을 향해 활시위를 당기는 것과 마찬가지다.

이제 우리가 내린 정의가 제기하고 있는 문제들에 대해 상세히 알아보도록 하자. 먼저 정당한 통치라는 말이 있다. 이는, 결코 관계를 맺어서는 안 되며 서로 소통하거나 계약을 체결해서도 안 되는 도적이나 해적의 무리가 국가와는 엄연히 다른 것임을 보여주기 위해서다. 훌륭한 국가는 언제나 이러한 규범을 지켜왔다. 협약이나 평화 조약을 체결할 때, 전쟁을 비난하거나 공격을 위한 또는 방어를 위한 동맹을 맺을 때, 국경을 결정하고 군주와 주권 영주 사이의 문제를 해결할 때, 그 어떤 때에도 도적과 해적 무리는 전혀 고려의 대상이 되지 않는다. 만일 그러한 일이 벌어진다면, 그것은 오직 인간의 법에 결코 종속되지 않는 어쩔 수 없는 상황에 의해서일 뿐이다. 인간의 법은 언제나 강도와 해적을 전쟁에서의 정당한 적과 구분해왔다. 인간이 만든 법은 그것이 시행되는 국가를 정의의 길로 이끄는 반면, 강도와 해적은 정의를 전복시키거나 파괴하고자 한다. 그래서 그들은 모든 인민이 공통으로 지니는 전쟁권을 누리지도 못하고, 승자가 패자에게 허락하는 최소한의 법도를 요구할 수도 없다. 그래서 그들에게 붙잡힌 사람은 결코 법적 자유를 상실하지 않으며 유언이나 그 밖의 다른 합법적 행위를 할 수 있다. 그러나 적에게 붙잡힌 사람은 그들의 노예가 되어 자유를 잃고 가솔에 대한 권한을 상실한다. 그런데 법은 담보나 위탁물 또는 빌린 것이 있다면, 설사 그 대상이 도적이라고 해도 되돌려 줄 것을 요구한다. 또한 도적이 폭력에 의거해 부당하게 타인에게서 빼앗은 것이 있다면 이 또한 환수되어야 함을 요구한다.

여기에는 두 가지 이유가 있다. 먼저 강도가 정의를 요구하면서 법에 복종하는 자세로 법관에게 경의를 표하기 위해 출두하면 이를 참작할 필요가 있기 때문이며, 신의 의지를 소중히 여기면서 오직 정당한 사실에 의해 판단하는 정의는 강도에게 유리하게 또는 불리하게 구현될 수 없기 때문이다. 첫 번째 이유에 관한 예는 매우 많지만, 아우구스투스Caesar Augustus 황제는 그중 가장 기억에 남을 만한 판례를 남겼다. 그는 에스파냐의 도적 우두머리인 크로코타스에게 2만 5,000에퀴의 포상금을 내걸면서 이를 떠들썩하게 공포했다. 이 사실을 알게 된 크로코타스는 자진해서 황제 앞에 나아가 약속된 포상금을 요구했고, 이에 아우구스투스는 상금을 지불하고 그를 사면했다. 이것은 그 누구도 황제가 약속된 상금을 주지 않기 위해 그를 죽이려 한다는 생각을 품지 못하도록 하기 위한 행동이었다. 동시에, 크로코타스를 적대시하며 충분히 재판에 회부할 수도 있지만, 법정에 나오는 자에게 신뢰와 공적인 안전을 보장하는 것이 더 중요하다는 것을 보여주기 위함이었다. 그러나 정당한 적을 상대하듯이 해적과 도적에게 일반법을 적용하는 것은 모든 부랑자들이 도적무리에 합류하도록 길을 열어주고 그들의 행동과 결사를 정의의 장막으로 보호해주는 오류를 범하는 것이다.

좋은 군주가 도적이 될 수 없고, 또 해적이 좋은 군주가 될수 없다. 왕이라고 불릴 만한 해적이 있었다 하더라도, 그래서 왕홀과 왕관을 지닌 많은 자들이 있었다 하더라도, 그들이 백성들에게 자행한 잔혹함과 도적질에 대해서는 어떠한변명의 여지도 없다. 알렉산드로스Alexandros 대왕 앞에 선 데메트리우스Demetrius는 자신은 아버지로부터 다른 일을 배워본 적도 없고 두 척의 범선 말고는 물려받은 것이 없지만, 자신의 해적질을 비난하는 대왕은 강력하고 융성한 왕국을 물려받았음에도 강력한 해군과 육군으로 약탈과 전쟁을 일삼지 않느냐고 말했다. 이 이야기를 들은 알렉산드로스는 도적의 입에서 나온 정당한 비난에 처벌을 내리기보다는 오히려양심의 가책을 느끼며, 그를 군단 사령관으로 임명했다. [비슷한 예로] 술탄 술레이만은 당대의 가장 유명한 해적이었던하이르 앗 딘 바르바로사[7]와 드라구트 레이스[8]를 자신의 참사회에 불러들여 각각 제독과 파샤[9]로 임명하고 이들로 하여금 해상의 다른 해적들을 소탕해 국가와 해상 교역을 안정시키게 했다. 해적 두목을 덕의 항구로 인도하는 것은 그 군주가 다스리는 국가에 대한 약탈을 도모할 만큼 그들을 절망으로 내몰지 않기 위해서, 또한 다른 해적들을 인류의 적으로 규정하고 파멸시키기 위해서 사용된 방법이다. 이 방법은 귀감이 되어 마땅하고, 또 언제나 그러할 것이다.

바르굴레Bargule와 비리아트Viriat[10]에 관한 이야기는 이들이 전리품을 공평하게 분배하면서 우정과 유대 관계를 유지하며 살았다고 말하지만, 그 무리는 결코 정당한 사회가 아니며 그들이 말하는 우정도 법적인 의미에서의 분배와는 아무런 관계도 없는 것이다. 그것은 음모와 도적질 그리고 약탈에 불과하다. 왜냐하면 우정의 유무를 보여주는 진정한 표식으로서 중요한 것은 바로 자연법에 입각한 정당한 통치이기 때문이다. 그래서 고대인은 풍요롭고 행복하게 살기 위해 모인 인간들의 사회를 국가라고 불렀다. 하지만 이 정의는 이래저래 지나치거나 부족하다. 근본적인 세 가지 사항이 빠져 있기 때문인데, 가족, 주권, 국가의 공공선이 그것이다. 여기에 덧붙여서 '행복하게'('풍요롭고 행복하게 살기 위해'라는 윗문장의 수식어)라는 수식어는 결코 필수적인 것이 아니다. 만일 모든 일이 언제나 순풍에 돛 단 듯 잘 풀린다면 미덕은 가치를 잃을 것이고, 성인군자는 이러한 상황을 결코 인정하려 하지 않을 것이다. 잘 다스려지는 국가도 빈곤으로 고통을 당하거나 우방국들로부터 외면당하거나 적에게 포위되는 등 다양한 재난을 겪을 수 있기 때문이다. 키케로Marcus Tullius Cicero는 가장 질서정연하고 완벽하다고 평가받던 프로방스 지방의 마르세유가 몰락하는 것을 보았다고 고백했다. 예외란 없다. 만일 그렇지 않다면 풍요롭고 부유하고 우방으로부터 존경받으며 많은 인구, 강한 군사력, 견고한 성채, 잘 지어진 가옥들, 승전의 영광으로 가득한 국가는 비록 모든 악이 가득 차 고약한 짓거리들이 범람하더라도 올바르게 통치되고 있다고 이야기되어야 할 것이다. 행복한 성공만큼 미덕을 위태롭게 하는 것은 없으며, 상호 대립적인 두 가지의 결합은 불가능에 가깝다. 그래서 우리는 국가를 정의함에 있어 '행복하게'라는 수식어는 고려하지 않을 것이다. 정당한 통치를 이루기 위해서, 아니 적어도 그에 근접하기 위해서는 조준선을 좀 더 높이 올려야 한다. 그러나 플라톤이나 영국의 대법관 모어Thomas More처럼 국가를 현실성을 결여한 사변적 개념으로 묘사하려 하지도 않을 것이다. 그저 정치적 규범들을 가능한 한 치밀하게 분석할 것이다. 자신의 배를 잘 조종했고 풍랑에 휩쓸린 선장이나 환자를 잘 돌보았지만 병을 치료하는 데에는 실패한 의사가 여전히 존경받는 것과 마찬가지로, 우리가 바라던 목적을 이루지 못하더라도 비난받는 일은 없을 것이다.

만일 국가의 진정한 행복이 정녕 개인의 행복과 일치한다면, 국가 전체 또는 각 개인이 추구하는 최고선이 위대한 현자들이 말한 것처럼 지적이고 관조적인 미덕에 있는 것이라면, 그 목적이 달성되었을 때 우리는 자연의 위대한 주인에게 모든 찬양을 바치면서 자연과 인간 그리고 신성한 것들에 대한 관조에 몰입하는 최고의 행복을 향유해야 한다. 고백하거니와 이것은 개인의 지복한 삶이 추구하는 근본적인 목표이며, 국가의 목적이자 행복이기도 하다. 그런데 정치가와 군주는 각자 자신의 쾌락과 만족에 따라 자신의 행복을 측정하면서 이러한 진실을 받아들이려고 하지 않는다. 그리고 개인의 최고선에 대해서 같은 태도를 갖고 있는 사람들은 행복한 인간과 건전한 시민이 동의어임을, 인간의 행복과 국가의 행복이 다르지 않음을 인정하려고 들지 않는다. 물론 군주와 통치자들의 기분과 열정에 따라 언제든지 다양한 법과 관습 그리고 계획이 있을 수 있다. 그러나 현명한 인간은 정의와 진실의 척도이지 않은가. 위대한 현자들은 완성된 인간과 훌륭한 시민을 따로 구별하지 않은 채, 개인의 최고선과 국가의 최고선이 결국 같은 것이라는 사실에 동의하고 있다. 결국 우리는 국가의 정당한 통치가 추구해야 하는 근본적인 목표와 행복이 그러한 관조를 정점으로 한다는 것을 받아들일 수밖에 없다. 비록 아리스토텔레스가 사람들의 일반적인 생각에 따라 덕성의 행위에 때로는 부富를, 때로는 힘과 건강을 연결시키고, 개인과 국가의 차이를 구별하며 이중적인 견해를 제시하기는 했지만, 그 역시 더 세밀한 논의에 들어서자 관조를 행복의 정점으로 제시했다.

이와 관련해 바로Marcus Terentius Varro[11]는 인간의 행복이

행동과 관조의 융합에 있다고 말했다. 내 생각에 그가 이런 정의를 내린 것은, 단순한 것으로부터 나오는 행복은 단순하며, 다양한 부분으로 구성된 복합적인 것으로부터 나오는 행복은 몇 배로 증폭된다고 보았기 때문이다. 몸의 행복이 건강, 힘, 경쾌함 그리고 사지의 조화로운 아름다움에 있는 것과 마찬가지로 신체와 지성을 연결해주는 내적 영혼의 행복은 욕망에 대한 이성의 통제에 있다. 즉 도덕적인 미덕의 실천에 있는 것이다. 이는 지성의 영역에서 추구되어야 할 최고선이 지적인 덕성, 즉 신중함과 학문과 진정한 종교에 있는 것과 마찬가지다. 이 세 가지는 각각 인간성, 자연, 신성함과 관련된다. 신중함은 선과 악을 구별하는 법을 가르쳐주고, 과학은 진실과 거짓을, 진정한 종교는 경건과 불경의 차이를 보여주며 선택해야 할 것과 버려야 할 것을 알려준다. 이 세 가지야말로 진정한 지혜의 구성 요소이며, 이 세상에서 누릴 수 있는 행복의 절정은 바로 여기에 있다.

작은 나라들을 보면서 우리는 다음과 같은 사실을 깨달을 수 있다. 국가는 국민을 수용할 만한 장소와 충분한 영토를 갖고 있어야 하며, 백성들의 식량과 의복을 조달할 수 있는 많은 가축과 비옥한 토지를 갖고 있어야 한다. 그리고 건강을 위해 부드러운 공기와 적절한 온도, 충분한 물이 있어야 하며, 적의 공격에 대비해 충분히 안전한 곳이 아니라면 방어와 피신을 위해 집과 요새를 지을 수 있는 건축 자재가 있어야 한다. 모든 국가가 가장 세심한 주의를 기울이는 것은 바로 이러한 문제들이며, 그다음에야 비로소 의술과 금속, 염색과 같은 안락함을 찾게 된다. 그리고 적을 굴복시키고 정복을 통해 국경을 확장하기 위해 공격 무기를 비축하게 된다. 대체로 인간의 욕망에는 끝이 없으므로 사람들은 생활을 위한 필수품 말고도 실생활에는 무용하지만 유쾌함을 주는 요소들이 언제나 풍요롭기를 바란다. 그런데 불행하게도 사람들은 어린아이의 성장이나 양육 또는 이성적인 인간이 되기 위해 필요한 교육에 대해서는 거의 생각하지 않는다. 국가는 당장 필요하지 않은 도덕적 미덕이나 고급 학문에 대해서는 거의 신경을 쓰지 않으며, 자연과 신에 대한 관조에 대해서는 더더욱 그러하다. 그리고 이방인들로부터 국가를 보호하고, 백성들 사이에 다툼을 금지하고, 다툼이 벌어졌다면 그 피해자들을 보상하기 위한 최소한의 신중함으로 만족한다.

필수적인 모든 것을 갖춘 편리함 속에서 성장하고 휴식과 부드러운 안식을 취하게 되면, 정상적으로 태어난 인간은 사악하고 못된 짓을 멀리하며 미덕을 갖춘 현자에 근접하게 된다. 인간의 정신이 영혼을 뒤흔드는 열정과 악에 대해 분명한 자세를 취할 때 인간은 현상의 원인을 탐구하면서 인간적인 것과 시대의 다양함, 서로 다른 기질들, 위대함과 멸망, 국가의 변천에 유의하게 된다. 다음으로 인간은 자연의 아름다움에 고개를 돌리며, 동물, 식물, 광물의 다채로움에서 그 형태와 특징, 상호 관계, 연쇄적인 원인들이 빚어낸 결과물, 서로 의지하는 모습을 보면서 희열을 느낀다. 그리고 인간은 물질의 영역을 떠나서 관조의 날개를 펼친 채 천상으로 향한다. 그곳에서 천상의 빛이 뿜어내는 힘과 아름다움, 찬란함, 그 놀라운 움직임과 위대함과 숭고함을 바라보며 온 세상의 조화로운 운율을 감상하게 된다. 이제 인간은 최초의 원인이자 이 아름다운 세상의 창조주이신 그분을 발견하고자 하는 영원한 열망으로 놀랄 만한 희열에 몸을 떨게 된다. 이 단계에 도달하면, 인간은 관조를 멈추고, 본질과 위대함과 권세, 지혜와 선함의 불가해하며 무궁한 존재를 보게 된다. 이러한 관조를 통해서 통찰력 있는 현자들은 영원무궁한 유일신의 놀라운 증거를 찾았고, 인간의 행복에 관한 결론을 이끌어냈다.

현명하고 지복한 인간의 모습이 정녕 이러한 것이라면, 그러한 시민들로 가득한 국가는 비록 영토가 크지 않고 부유하지 않아도 진정 행복한 국가일 것이다. 또한 그 국가는 화려하게 치장하고서 쾌락에 몰두하는 도시의 사치와 환락을 경멸할 것이다. 인간의 행복이 혼란스럽고 복잡한 것이라고 생각할 필요는 없다. 왜냐하면, 고백하건대, 사멸하는 육체와 불멸의 영혼으로 구성된 인간의 가장 소중한 재산은 가장 고귀한 부분인 영혼에 있기 때문이다. 몸은 영혼을 위해 봉사하고 동물적 욕망은 신성한 이성에 복종해야 하므로, 인간의 최고선은 아리스토텔레스가 지적 행위라고 부른 지성의 미덕에 달려 있다. 아리스토텔레스는 최고선이 미덕의 실천에 있다고 했지만, 궁극적으로 그 행위가 목적상 관조와 일치하며, 최고선은 바로 그러한 관조에 있다고 고백할 수밖에 없었다. 그렇지 않다면 변덕스러운 행위에서 자유로우며 관조의 영원한 열매와 궁극적 휴식을 향유하는 신보다 인간이 더 행복해야 할 것이기 때문이다. 스승의 의견에 곧이곧대로 집착하려 하지 않으면서도 또한 최고선이 미덕의 실천에 있다는 자신의 주장에서 벗어나지 않기를 바랐던 그는 최고선에 관한 논의를 결론지었다. 그는 인간과 국가의 근본적인 목적이 운동과 휴식, 행위와 관조 같은 서로 모순되는 두 가지로 구분되는 것처럼 비치기를 바라지 않았던 것이다. 그래서 그는 지성의 행위에 인간의 행복이 있다고 말하면서 관조에 '지성의 행위'라는 이 애매한 말을 슬그머니 집어넣었다.

인간과 국가가 다양한 행위로 뒤섞인 채 영속적인 운동을 하고 있는 것을 관찰하면서 아리스토텔레스는 행복이 관조에 있다는 식의 단순한 주장을 피했지만, 그럼에도 불구하고 행복이 관조에 있다고 고백하지 않을 수 없었다. 왜냐하면 먹고 마시는 일처럼 인간의 삶을 유지시켜주는 행위들이 정말 필요하더라도, 제대로 배운 인간은 최고선을 거기에 두지는 않을 것이기 때문이다. 도덕적인 미덕의 실천은 칭송받아 마땅하다. 영혼이 도덕적 미덕이나 신성한 빛에 의해 정화되고 깨달음을 얻지 못한다면 관조의 그 부드러운 열매를 맛보는 것은 불가능하기 때문이다. 이렇듯 도덕적 미덕은 지적인 것과 관련된다. 그런데 이 행복은, 무언가 더 나은 것을 지향하고 근본적인 목적으로서 다른 어떤 것을 찾으려 하기 때문에 완전한 것이 아니다. 예를 들어 덜 고귀한 것이 보다 더 고귀한 것을 찾고, 육체가 영혼을, 다시 영혼이 지성을, 욕망이 이성을, 삶이 좀 더 나은 삶을 찾으려고 하는 것처럼 말이다.

내 생각으로는, 행복을 행위와 관조에 두었던 바로는 인간의 삶이 행위와 관조를 필요로 한다고 말하기보다는 진정한 최고선은 플라톤 학파가 유쾌한 죽음이라고 부른, 또 히브리인들이 소중한 죽음이라고 부른, 육체의 구렁텅이에서 영혼을 구해내어 신성으로 인도하는 바로 그 관조에 있다고 말하는 편이 더 나았을 것이다. 그렇지만 분명한 것은 정의의 실현, 백성들에 대한 보호, 생필품이나 식량 문제와 같은 일상적 활동을 방기한다면 국가의 질서는 결코 수립될 수 없다는 것이다. 이는 인간이 영혼의 관조에만 몰두한 나머지 먹고 마시는 일을 소홀히 한다면 결코 생명을 오래 유지할 수 없는 것과 같은 이치다. 훌륭한 질서를 갖춘 국가와 진정 조화로운 인간의 참된 이미지인 이 세상에서 우리는 무엇을 보는가. 저 달은 우리의 영혼처럼 태양을 향해 다가간다. 그리고 아직 그 달빛을 볼 수 있는 이 땅의 일부는 줄어드는 달빛으로 인해 놀라운 변화를 경험한다. 그러나 태양과 결합한 달은 천상의 미덕으로 충만하여 모든 사물에 그 빛을 다시 돌려준다. 그리고 이 빛은 이 작은 세상에 있는 인간의 영혼이 이따금 관조에 몰입하여 지성의 태양과 조금이라도 결합하게 되면 신성한 빛으로 불타올라, 자연의 기운과 우리의 육체를 단련시키는 천상의 힘, 그 황홀한 힘을 느끼게 해준다. 그러나 지구의 그림자에 완전히 가려진 달이 빛과 기운을 잃고 무수한 괴물을 만들어내는 것과 같이 인간의 영혼도 신성한 태양을 열망하지 않고 오로지 육체에 열중하고 감각적 쾌락에 취해버리면 모든 것을 잃게 된다. 또한 정반대로 저 달이 언제나 태양과 하나이고자 한다면, 자연계는 몰락하게 될 것이 분명하다.

관조의 미덕을 그 근본적인 목적으로 삼는 훌륭한 국가에 관해서도 우리는 똑같은 이야기를 할 수 있다. 물론 정치적 행위가 선결되어야 하며, 백성들의 삶을 유지하고 보호하기 위한 필수품을 공급하는 것과 같은 가장 기본적인 일이 제일 먼저 행해져야 한다. 그렇지만 그러한 행위들은 도덕을 지향하며, 도덕은 다시 지성을 지향한다. 그러나 궁극적인 귀결은 인간이 상상할 수 있는, 가장 아름다운 대상에 대한 관조다. 신께서도 엿새에 걸쳐 그러한 모든 활동을 완수하셨고, 인간의 삶 또한 대개 이 기간을 따른다. 그리고 7일째에 신께서는 다른 모든 것을 축복하셨고, 그날을 성스러운 안식일로 삼으시고 노동을 금하셨다. 이는 이날을 스스로 이룩하신 창조와 스스로 세우신 법과 스스로 지으신 찬가를 관조하는 날로 삼으시려는 것이었다. 훌륭한 국가들이 지향하는 근본적인 목적, 국가는 이 목적에 근접하는 만큼 행복을 누리게 된다. 인간의 행복에도 여러 층위가 있듯이 국가도 각기 본받고자 하는 목표에 따라 행복의 높낮이가 달라진다. 스파르타인은 다른 행위에서는 용맹스럽고 고결하지만 공공선의 문제에 있어서는 부당하고 신의를 부정하는 자들이었다. 이것은 그들의 제도와 법과 관습이 쾌락과 호사를 경멸하고 노동과 고통 앞에서 용맹스러운 무적의 인간을 만드는 것, 그리고 국가의 확장을 위해 가능한 모든 것을 추구하는 것 외에는 어떠한 다른 목적도 갖지 않았기 때문이다. 그러나 로마인의 국가에는 정의가 넘쳐흘렀고, 로마는 스파르타를 능가했다. 로마인은 고결함만을 가진 것이 아니었다. 그들에게는 진정한 정의가 주인과도 같았으므로 그들은 모든 행위를 이 정의에 바쳤다. 이제 우리는 지금껏 이야기한 행복과 국가의 정의에 도달할 수 있는, 그것이 아니라면 최소한 그러한 목적에 가능한 한 가장 가까이 다가갈 수 있는 방법을 모색하도록 노력해야 할 것이다. 이제 이러한 정의가 함축하고 있는 각 부분들을 하나하나 논해보자. 먼저 가족에 대해서 알아보도록 하자.

제2장

주권에 관하여

주권이란 국가의 절대적이며 영구적인 권력이다. 라틴인은 이것을 majestatem이라고 불렀고, 그리스인은 ἄκραν ἐξουσιαν, κυρίαν ἀρχ 또는 κύριον πολίτευμα라고 불렀으며, 이탈리아인 은 segnoria라고 불렀다. 그리고 그들은 이 용어를 국가의 모 든 문제를 다루는 사람들 또는 특정한 개인에게 사용하기도 했다. 히브리인은 이것을 תומר שכט라고 불렀는데, 이 말은 최 고 명령권을 의미한다. 우리는 이 주권 개념을 재정립할 필 요가 있는데, 왜냐하면 그 어떤 법률가나 철학자에게서도 제 대로 된 정의를 찾아볼 수 없기 때문이다. 이 개념 정의는 국 가에 관한 논의를 위해 필수불가결하며 가장 근본적으로 이 루어져야 하는 작업이다.

국가란 다수의 가족들과 그들의 공유물로 이루어진, 주권 에 의한 정당한 통치라고 말한 바 있는데, 여기에서 말하는 주권이 무엇을 의미하는가를 명확히 할 필요가 있다. 나는 이 권력이 영구적이라고 말했다. 왜냐하면 한시적으로 한 개인에게 또는 다수의 사람들에게 절대적인 권력을 부여할 수는 있지만, 그 시한이 만료되었을 때 그들은 그저 〔평범한〕 백성에 불과하기 때문이다. 이러한 사람들은 권력을 갖고 있을 때에도 결코 주권 군주라고는 불리지 못하는데, 왜냐하면 그들은 단지 권력을 위탁받아 관리하는 자에 지나지 않으며 군주나 인민의 소환이 있으면 더 이상 권력을 행사할 수 없기 때문이다. 그러한 자들은 언제나 타인에게 장악되어 있는 수동적인 존재다. 이는 타인에게 자신의 재산을 양도했지만 여전히 영주나 진정한 소유자로 남아 있는 경우와 같은 이치다. 재판권이나 명령권을 부여하는 자들의 경우도 마찬가지다. 그들은 일정한 기간 동안 또는 원하는 경우 장기간에 걸쳐 그러한 권력을 다른 이에게 허락할 수 있지만, 그럼에도 그 권력과 관할권을 소유하는 것은 권력을 허락한 그들이며, 권력은 임대 혹은 가점유 방식으로 행사되고 있을 뿐이다. 따라서 법은 지방 총독이나 군주의 대리인에 대해, 그들이 타인의 권력을 위임받아 관리하는 자이며 재임 기간 이후에는 그 권력을 이양해야 한다고 규정하고 있는 것이다.

이 점과 관련해 고위직과 말단직의 차이는 없다. 군주의 대리인에게 허가된 주권적 권력을 주권이라고 부른다면, 대리인은 그 권력을 자신의 군주에 대해 사용할 수도 있을 것이기 때문이다. 군주는 아무짝에도 쓸모없어져버릴 것이며, 가신이 주군에게 명령하고, 주인이 종에게 복종하게 될 것이다. 주권자의 인격은 그가 타인에게 어떠한 권력과 권위를 부여했든지 간에 언제나 예외적인 권리를 지니고 있으므로 이러한 일들은 이치에 맞지 않는다. 주권자는 결코 그렇게 많은 것을 주지 않으며, 언제나 더 많이 소유한다. 그는 결코 명령권을 박탈당하지 않으며, 고소나 경합 또는 소송의 대상이 될 수 없다. 주권자는 자신의 의지에 따라 신하들인 위임관이나 관리에게 임무를 부여한다. 주권자는 제도적으로 또는 위임을 이유로 자신이 그들에게 부여한 권력을 다시 그들에게서 박탈할 수 있다. 또한 주권자는 자신이 원하는 만큼 오랫동안 그들의 권력을 유지시켜줄 수도 있다.

이상에서 밝혀진 주권의 기본 원리에 따라 다음과 같은 결론을 내릴 수 있다. 모두 같은 지위에 해당하는 로마의 독재관獨裁官, 스파르타의 하르모스트Harmoste, 테살로니카의 에심네테스Esymnete, 몰타의 아르쿠스Archus, 피렌체의 구舊 발리아Balie, 일정 기간 동안 국가를 통치하기 위해 절대적 권력을 행사한 왕국의 섭정, 위임관commissaire 또는 법관들에 대해 말하자면, 그들은 결코 주권을 가지고 있지 않았다. 물론 〔로마 시대의〕 최초의 독재관은 가능한 한 최고 형태의 전권을 행사했고, 고대 로마인들은 이를 두고 '최적의 법에 따라서 Optima Lege'라고 말했다. 이것이 가능했던 것은, 당시에는 소환 절차가 전혀 없었고 다른 관리들은 〔고대 로마 시대의 평민회 의인〕 트리부스 회의가 개최되기 전까지는 모두 정직 상태였기 때문이다. 트리부스 회의에서는 독재관이 임명되어도 계속 직책을 수행했고 대립 권력을 행사할 수 있었다. 독재관의 공소 제기가 있는 경우, 트리부스 회의는 민중들을 소집하여 당사자에게 소환장을 발부하고 제기된 사건을 심리하거나 독재관의 결정에 힘을 실어주기도 했다.

바로 이러한 방식으로 독재관 쿠르소르Papyrius Cursor[12]는 기병대장 노老 막시무스Fabius Maximus[13]를 사형에 처했고, 소小 막시무스는 자신의 기병대장인 미누티우스Minutius를 사형에 처했다. 이렇듯 독재관이 군주도, 주권적 집정관도 아니라는 점은 분명한 사실이다. 많은 사람들이 지적했듯이 독재관은 전쟁을 수행하거나 반란을 진압하고 국가를 개혁하거나 새로운 관직을 창설하기 위해 내세워진 단순한 위임자일 뿐이다. 그런데 주권은 그 권력에서건 직무에서건 결코 특정 기간에 제한되지 않는다. 관습과 칙령을 개혁하기 위해 임명된 10인 위원회는 비록 절대적이며 소환 불가능한 권력을 지녔고 모든 집정관들이 10인 위원회의 임기 동안 직무가 정지되었지만, 그럼에도 이 위원회가 주권을 가지고 있었던 것은 아니었다. 위임 기간이 끝나면 위원회의 권력은 소멸했기 때문이다. 이는 독재관의 경우도 마찬가지다. 킨키나투스Lucius Quintus Cincinnatus[14]는 적을 물리치고 15일간 독재관이 되었지만, 그 뒤에는 직책에서 물러났다. 또한 프리스쿠스Servilius Priscus[15]는 8일 동안, 마메르쿠스Aemilius

Mamercus[16]는 단 하루 동안만 독재관직을 행사했다. 독재관은 예전이나 지금이나 관직의 창설을 위해 필요한 법이나 칙령 또는 법령에 구애됨 없이 가장 존경받는 원로원 의원 중의 한 명이 임명되었다. 술라Lucius Cornelius Sulla가 발레리우스 법에 따라 80년간의 독재관직을 얻어냈지만, 이는 키케로의 말마따나 법도 아니고 독재도 아닌 그저 잔인한 폭정이었을 따름이다. 그나마 술라는 내전이 가라앉자마자 4년 만에 독재관직에서 물러났다. 게다가 그는 트리부스 회의에 명백한 대립 권력을 남겨두었다. 종신 독재관직을 맡았던 카이사르Julius Caesar도 트리부스 회의의 거부권을 인정했다. 게다가 독재관직은 특별법에 의해 결국 폐지되지 않았던가. 그럼에도 불구하고 카이사르는 독재관을 자처하면서 국가를 침탈했고 결국 살해당했다.

그러나 한 명, 혹은 여러 명의 시민을 선출해 그들에게 국가를 다스리는 데에 필요한 절대적인 권력을, 그것도 그 어떤 반대나 소환에 응하지 않아도 되는 그리고 매년 갱신되는 권력을 부여하게 될 경우를 가정해보자. 이 경우에는 그들이 주권을 갖고 있다고 말할 수 있을까? 신 다음으로 가장 강력한 자가 될 그 인물을 절대적인 주권자라고 불러도 되지 않을까? 분명히 말하는데 그들은 결코 주권을 갖고 있지 않다. 그들은 일정 기간 동안 권력을 부여받은 위탁자일 뿐이다. 한 명 혹은 여러 명의 대리인을 선출하고 일정 기간 동안 절대적인 권력을 부여한다고 해도 인민이 주권을 상실하는 것은 아니다. 게다가 그 권력은 인민이 원한다면 정해진 기간에 관계없이 언제라도 박탈할 수 있다. 아무것도 소유하지 못한 위임관의 직위는 오직 명령권을 부여한 자에게 달려 있기 때문이다. 반대로 주권 군주는 신 이외에는 그 누구에게도 책임을 지지 않는다. 가령 절대적인 권력을 9년 혹은 10년 동안 한 사람에게 허용하는 경우는 어떨까? 예를 들어 과거 아테네의 시민들은 그들 중의 한 명을 주권자로 뽑았고 이를 아르콘이라고 불렀다. 아르콘은 군주도 아니고 주권을 가진 것도 아니었다. 그는 주권적 집정관이었으며, 자신의 행동에 대해서 임기 후 시민들에게 책임을 져야 했다. 한 시민에게 어떠한 책임의 의무도 없는 절대적인 권력을 부여한 경우는 어떨까? 크니도스[17] 사람들은 매년 60명의 시민을 선출해 아미모네스Amymones, 즉 '흠잡을 데 없는 자들'이라고 명명했고 이들에게 절대적인 권력을 부여했다. 이들은 자신들의 행위에 대해 임기 동안은 물론이고 임기 후에도 소추될 수 없었다. 그러나 이들 역시 주권을 가진 것은 아니었다. 이들은 일종의 위탁자로서 해가 바뀌면 주권을 반환해야 했다. 주권은 여전히 시민이 장악하고 있었고, 아미모네스는 주권을 행사할 뿐이었다. 이들을 주권적 집정관이라고 부를 수는 있지만 주권자는 아니다. 한편에는 군주가 있고 다른 편에는 백성들이 있다. 어느 한쪽은 영주이고 다른 한쪽은 종복이다. 주권의 소유자가 있고 또 주권을 소유하지는 못한 채 위탁받은 자가 있는 것이다. 주권 군주가 미성년이거나 부재중일 경우를 위해 존재하는 섭정에 대해서도 마찬가지 이야기를 할 수 있다. 물론 칙령, 명령, 특허장 등은 섭정에 의해 그리고 섭정의 이름으로 서명되고 조인된다. 우리 왕국에서도 그러한 관행이 존재했다. 그러나 샤를 5세Charles V의 법령 이후에는 국왕의 이름으로, 국왕의 옥새에 의해 조인되었다. 법적 대리인이 행한 일은 어떠한 경우에도 결국 그 주인이 한 것과 마찬가지이기 때문이다. 섭정은 국왕과 왕국의 대리인일 뿐이다. 샹파뉴 백작 티보Tibaut(1201~1253)도 '프랑스 왕국의 대리인procurator regni Francorum'이라고 불렸다.

이렇듯 군주는 그가 있을 때나 없을 때나 언제든 자신의 이름으로 통치하기 위해 섭정이나 원로원에 절대적 권력을 부여하므로, 섭정의 이름이 칙령과 명령서에 기재된다 하더라도 실제로 말하고 명령하는 것은 언제나 국왕이다. 밀라노와 나폴리의 원로원Senat은 에스파냐 국왕의 부재 시에 절대적인 권력을 행사했고 원로원의 이름으로 모든 것을 명령했다. 우리는 황제 카를 5세Karl V의 명령에서도 그러한 점을 찾아볼 수 있다. "밀라노의 원로원은 법에 반하는 황제의 칙령들을 인준·기각·폐기·규제하고, 자격을 부여하고, 사전 심의를 거쳐 갱신할 권한을 갖는다…원로원에 의해 소원訴願될 수 없다…무엇이든 (원로원이) 행한 것은 황제가 행하고 명령한 것과 같은 효력을 갖는다. 그러나 〔원로원은〕 범죄자를 사면·감형하거나 범죄 피의자들에게 〔안전〕 통행권을 발급할 수 없다."

거의 무제한적인 이 권력은 에스파냐 국왕의 위엄을 감소시키기 위해 밀라노와 나폴리의 원로원에 허락된 것이 아니라 반대로 그의 근심과 고통을 덜어주기 위해 부여된 것이었다. 덧붙여 이 권력은 제아무리 강력하다 해도 그것을 허락한 자의 의지에 따라 언제든 박탈당할 수 있었다. 그렇다면 이러한 권력이 국왕의 대리인에게 죽을 때까지 부여되었을 경우를 생각해보자. 이 경우 영구적인 주권을 이야기할 수 있는 것일까? 그럴 수 없다면, 결코 끝나지 않는 영구적인 것을 말할 때에, 우리는 오로지 죽음을 알지 못하는 '귀족정'이나 '민주정'만이 주권을 가지고 있다고 할 수밖에 없다. 왕정에 관해서는 영구적이라는 말의 의미를 국왕과 그 후계자들에 의한 계승으로 이해할 수 있지만, 이 경우 주권 국왕이라고 불릴 수 있는 이들은 거의 없다. 세습적인 국왕이란 극히 드물기 때문이다. 마찬가지로 선출에 의해 왕위에 오른 자도 주권자가 되지 못한다. 결국 영구적이라는 말은 권력을 지닌 자의 일생이라는 의미로 받아들여야 한다. 만일 매년 바뀌거나 제한적인 기간 동안 주권을 행사하는 집정관이 그에게 허락된 권력을 계속해서 행사하게 된다면, 그것은 합의에 의해서거나 무력에 의해서 이루어진 것이다. 만일 무력에 의한 것이어서 폭정으로 불린다고 하더라도, 그 폭정을 행하는 폭군은 분명 주권자다. 이는 약탈자에 의한 폭력적인 강탈이 비록 불법적이기는 해도 자연적이고 진정한 소유로 이어지는 것과 마찬가지다. 이제까지 권리를 소유하고 있던 자는 이제 그 권리를 상실한다. 집정관이 합의에 의해 주권을 계속 행사하는 경우라 하더라도 그를 주권 군주라고 할 수 없다. 그는 허용된 것 외에는 아무것도 소유하지 못하며, 임기가 정해져 있지 않은 경우에는 더더욱 그러하다. 왜냐하면 이 경우에 그는 일시적인 위임에 의해서만 주권을 행사하기 때문이다.

  잘 알려져 있다시피 샤를 9세Charles IX가 앙주 공公인 앙리 드 프랑스Henry de France에게 부여한 권력보다 더 큰 권력은 일찍이 없었다. 왜냐하면 그 권력은 주권적인 것으로서 국왕의 특권을 예외 없이 행사할 수 있었기 때문이다. 그러나 그가 가진 국왕 총대리인의 자격이 영구적인 것이라 해도 그를 주권자라고 부를 수는 없다. 위임장에 적힌 "과인의 뜻이 그러하니Tant qu'il nous plaira"라는 문구는 허용의 의미를 내포하고 있으며, 그의 권력은 국왕에 의해 언제든 중지될 수 있음을 의미하기 때문이다. 인민으로부터 절대적 권력을 종신토록 위임받은 자의 경우는 어떨까? 이 경우 만일 주권이 가장 명징한 형태로 부여되었고, 집정관이나 위임관의 자격도 아니며, 게다가 일시적인 형태도 아니라면, 그는 분명 주권 군주라고 불릴 수 있을 것이다. 인민은 자신의 주권적 힘을 스스로 포기하고 상실하면서 그의 토지 보유를 인정하고 신임했으며, 재산과 소유물이 양도되듯이 모든 권력과 권위, 우선권과 주권을 국왕에게 이전했기 때문이다. 법은 "만일 그에게 모든 권한을 위임했다면", 또한 인민이 자신의 권력을 누군가에게 관리하도록 맡겼다면, 또는 누군가에게 대리인의 자격을 주었다면, 또는 단지 자신이 권력을 행사하지 않기 위해 누군가에게 권력을 종신토록 위임했다면 그 인물은 주권자가 아니라 단순한 관리자 또는 대리인, 섭정, 총독, 수호자, 타인의 권력의 임대인일 뿐이라고 규정한다. 비록 집정관이 영구적인 대리인을 내세워 자신의 관할권에 대해 전혀 신경 쓰지 않고 대리인에게 전적으로 실무를 맡긴다 하더라도 명령권과 판결권, 법의 힘과 시행은 대리인의 인격에서 비롯되는 것이 아니기 때문이다. 만일 권력을 위임받은 자가 부여된 권력을 넘어선다면, 그 행위가 권력을 위임한 자를 만족시키지 못하고 그래서 승인과 인준을 받지 못한다면 그 행위는 어떠한 효력도 가질 수 없다. 이러한 이유에서 영국의 존 왕은 영국으로 귀환한 후 자신이 외국에 나가 있는 동안 대신 통치했던 장남 찰스가 서명한 문서들이 효력을 갖도록 그리고 필요하다면 재확인되도록 엄숙하게 비준 절차를 밟았다. 위임에 의해서건, 법적 규정에 의해서건, 아니면 대리 행사에 의해서건, 일정 기간 동안 또는 영구적으로 타인의 권력을 행사할 때 그 권력 행사자는 주권자가 아니다. 임명장에 대리인, 총독, 섭정이라고 명시되지 않았을지라도 그리고 선출에 의한 것보다 훨씬 더 강력할 수 있도록 국법에 따라 권력이 부여되었을지라도 이 점에는 변함이 없다. 스코틀랜드의 구 법률은 모든 것이 국왕의 이름으로 결정된다는 조건 하에 미성년인 왕자의 가장 가까운 친척에게 왕국의 통치를 맡겼다. 그리고 이 법은 그것이 야기한 혼돈 때문에 폐지되었다.

이제 주권의 정의가 내포하고 있는 다른 부분에 대해 알아보자. 절대적 권력이란 무엇을 의미하는가? 한 국가의 인민과 영주들은 물적 자원과 인적 자원을, 즉 국가 전체를 마음대로 다스릴 수 있도록, 또한 그러한 권리를 원하는 자에게 물려줄 수 있도록 영구적인 주권을 단순하고도 명료하게 누군가에게 부여할 수 있다. 그것은 소유주가 단순하고도 명료하게, 자신의 의사 말고는 다른 어떤 이유도 개입되지 않은 상태에서 자신의 재산을 타인에게 줄 수 있는 것과 마찬가지다. 이는 진정한 의미에서의 기증 행위다. 그리고 일단 완전한 기증 행위가 이루어진 다음에는 더 이상의 조건이란 존재하지 않는다. 의무와 조건이 수반된 기증은 진정한 기증이 아니다. 마찬가지로 한 군주에게 조건과 의무가 수반된 권력이 부여되었다면, 그것은 주권도 절대 권력도 아니다. 그러나 군주의 즉위에 수반된 조건이 신법과 자연법뿐이라면 사정은 다르다. 타타르 왕국의 예를 들어보자. 이 나라를 지배하던 왕이 죽자 국왕 선출권을 가진 제후들과 인민은 선왕의 아들과 조카들 중 한 명을 선택해 황금 옥좌에 앉히고 다음과 같이 말했다고 한다. "바라건대, 저희는 당신께서 우리를 다스려주길 원하며 그 사실을 당신에게 알립니다." 이에 왕위 계승자는 다음과 같이 대답했다. "여러분이 내게 원하는 바가 그러하다면, 여러분은 내가 명하는 것을 수행할 준비가 되어 있어야 합니다. 내가 사살하라고 명한 자는 즉시 죽여야 합니다. 나는 왕국 전체를 장악해야 합니다." 이에 백성들은 "그렇게 될 것입니다"라고 화답했다. 다시 국왕은 "내 입에서 나온 말은 나의 칼이 될 것입니다"라고 선언했고, 모든 백성이 이를 환영했다. 그리고 이제 옥좌에서 내려와 땅에 놓인 널빤지 위에 올라선 국왕에게 제후들은 다음과 같이 이야기했다. "저 위를 올려다보며 신을 경배하십시오. 그리고 당신이 딛고 서 있는 널빤지를 보십시오. 공정하게 통치한다면 당신은 원하는 모든 것을 갖게 되겠지만, 그렇지 않으면 이만큼 낮아질 것이며 권력도 잃게 될 것입니다. 당신이 서 있는 이 널빤지조차 남지 않을 것입니다." 이 말이 끝나자 그는 높이 추켜올려졌고, 타타르의 왕을 연호하는 함성을 들었다. 이러한 권력이야말로 절대적인 권력이며 진정한 주권이라 할 수 있다. 그것은 신법과 자연법이 명하는 것 이외에는 어떤 다른 조건도 달고 있지 않기 때문이다.

다른 여러 왕국과 공국에서 세습적인 왕위 계승을 위한 유사한 예식이 거행되었다. 그중에서도 케른텐[18]의 예식은 독특하다. 대대로 같은 임무를 수행해온 한 농부가 성 비투스 마을 근처에 오늘날까지도 남아 있는 대리석판 위에 올라서서 오른손에는 검은 암소 한 마리를, 왼손에는 말라빠진 암말 한 마리를 잡고 있다. 그러면 사람들이 그 주위를 돈다. 공작으로 부임한 자는 가난한 양치기 복장을 하고 지팡이를 쥔 채, 붉은색 옷을 입은 많은 영주들과 함께 행진한다. 그러면 석판 위에 서 있던 농부가 슬로베니아어로 다음과 같이 외친다. "저기 용감하게 행진하는 자가 누구인가?" 이에 인민은 "그가 우리의 군주요"라고 화답한다. 그러면 농부는 다시 "그는 판관인가? 그는 이 지방의 안녕을 바라는가? 그는 바른 조건을 가지고 명예를 소중히 하는 자로서 종교를 수호할 준비가 되어 있는가?"라고 묻는다. 이에 사람들은 "그럴 것이오"라고 답한다. 이제 이 농부는 공작에게 작은 호루라기를 건네고 대리석판에서 내려온다. 그러면 공작이 대리석판 위로 올라가 칼을 흔들면서 백성들에게 정의를 약속한다. 그리고 양치기의 옷차림을 한 채 교회로 가 미사를 올린 다음, 그곳에서 공작의 예복으로 갈아입고 다시 대리석판으로 돌아와 충성 서약과 신서를 한다. 물론 케른텐 공작은 예전에는 황제의 수렵 담당관에 불과했고, 신성 로마 제국이 이 공작령을 소유하고 있던 오스트리아 왕가에 귀속된 이후에는 수렵 담당관의 지위와 전통적인 취임 예식은 사라졌다. 케른텐, 슈타이어마르크, 크로아티아 공작령과 티롤 백작령은 오스트리아 공작령으로 편입되었다.

아라곤 왕국을 어떻게 기술하건, 아라곤의 국왕과 관련된 오랜 예식은 국왕이 신분제 회의를 소집할 때를 제외하고는 더 이상 치러지지 않고 있다. 다음은 한 에스파냐 기사에게서 들은 이야기다. 이 예식에서 가장 중요한 부분은 '아라곤의 위대한 사법관'이라는 직함을 지닌 고위 법관이 국왕에게 전하는 관례적인 연설이었다. "우리는 당신만큼 가치 있는 자이며 당신보다 더한 능력을 지녔지만, 우리가 준수해야만 하는 여러 조건들 위에서 당신을 우리의 왕으로 선출합니다." 이를 근거로 당시 인민이 국왕을 선출했다고 기술하는 것은 과장이다. 그러한 일은 결코 일어나지 않았다. 700년 전 산초 대왕Sancho el Grande이 무어인을 물리치고 왕국을 정복했기 때문이다. 그 후 산초 대왕의 남녀 후손들이 세습적으로 왕국을 다스렸다. 아라곤의 권리를 부지런히 기술한 아라곤인 벨루게테Pedro Belluguete는 국왕 선출에 관해서 인민은 어떠한 권리도 갖고 있지 않다고 분명히 적고 있다. 또한 아라곤의 신분제 회의가 국왕보다 강력했다는 것도 부조리하고 불가능한 이야기다. 벨루게테에 따르면 아라곤의 신분제 회의는 국왕의 특별 명령이 있을 때에만 소집되었다. 그리고 일단 회의가 시작되면 국왕의 허가 없이는 해산할 수 없었다. 더 웃기는 것은, 이미 세습권에 의해 국왕으로 인정되고 축성식과 대관식을 치른 국왕이 신분제 회의가 더 강력하다는 점을 확인했다고 주장한다는 점이었다. 주권자인 국왕은 '아라곤의 위대한 사법관'이라고 불리는 자에게 관직을 수여했고, 원하면 그를 해임할 수도 있었다. 벨루게테는 또 아라곤과 시칠리아의 국왕 알폰소가 부재중일 때 왕비가 디다토Martin Didato를 관직에 임명했다가 해임한 바 있다고 적고 있다. 국왕이 인가한 아라곤의 사법관이 왕과 인민 사이의 분쟁과 소송에 대해 판결권을 갖는 것은 예외적인 일이 아니다.

영국에서도 마찬가지인데, 현재에도 그것은 상원과 영국 법정의 법관들의 소관이다. 사실 모든 왕국의 법관들은 어디에서나 같은 일을 하고 있다. 만일 아라곤의 사법관과 신분제 회의가 국왕에게 완전히 복종한다면, 벨루게테가 말했듯이 왕은 결코 그들의 의견을 따라야 할 필요가 없고, 그들의 요구를 인정할 필요도 없다. 올드라드Pierre Oldrad는 프랑스와 에스파냐의 왕들이 절대적인 권력을 지니고 있었음을 기술하고 있고, 사실 이것은 모든 왕정 국가에서는 일반적인 내용이다. 물론 이 저자는 그것이 절대적인 권력이라고 말하지는 않았다. 법에 종속되지 않으면서 절대적인 권력을 가진 자가 있다고 말한다면, 지상의 모든 군주가 신법과 자연법 그리고 모든 인민에게 공통된 여러 법에 종속되는 한, 주권의 세계에 군주의 자리는 없을 것이기 때문이다. 반대로 군주도, 주권자도 아닌 어떤 인물이 모든 법과 칙령, 국가의 관습으로부터 해방되어 자유로워지게 되는 경우도 있다. 예를 들어 폼페이우스 대제는 호민관 가비니우스Aulus Gabinius[19]의 요청에 의해 제정된 로마 시민 특별법에 따라 5년 동안 모든 법으로부터 해방되었는데, 한 시민을 법에 대한 복종으로부터 해방시켜주는 것은 새로운 일도, 이상한 일도 아니었다. 원로원은 어느 호민관의 요청에 따라 공포된 코르넬리아 법[20]이 제정되기 전까지, 인민의 동의 없이도 이따금 시민을 이렇듯 법에 대한 복종으로부터 면제해주었다. 이 법은 원로원 의원 200명 이상의 동의가 있으면 누구도 예외 없이 이러한 면제가 가능하도록 되어 있다. 유사한 예로, 12표법은 사형에 관한 어떤 특권도 인정하지 않았지만 평민회의의 결정을 통해서 예외를 만들 수 있었다. 그러나 이 법은 제대로 시행되지 못했다. 어쨌든 간에 이러한 초법적인 인물도 언제나 주권자에게 종속되며 그에게 복종한다. 하지만 주권자는 결코 타인의 명령에 복종하지 않으며, 백성들에게 법을 제정해줄 수 있어야 하고, 불필요한 법을 폐지하거나 무효화하거나 아니면 다른 법으로 대체할 수 있어야 한다. 법에 종속된 자 또는 누군가의 명령을 받는 자가 이 같은 일을 할 수는 없다. 그래서 군주는 법 위에 군림한다는 법이 있는 것이다. 법이라는 단어는 라틴어에서 주권을 가진 자의 명령을 의미한다. 우리는 모든 칙령과 포고령에서 다음과 같은 문항을 볼 수 있다. "위반 금지 조항들을 위반하면서 그리고 우리가 위반했고 새로이 제정된 법이 위반하고 있는 모든 법령과 칙령에도 불구하고…." 동일한 군주에 의해 포고된 법이건 아니면 선왕에 의해 만들어진 법이건 간에 모든 법령은 이 구절을 명기하고 있다. 왜냐하면 군주에 의한 법과 포고령, 허가장, 특권과 입시세入市稅 등은 그것이 특별한 동의에 의해 또는 그러한 법과 특권을 알고 있는 다음 군주가 그것들을 재확인하는 경우에만 효력을 유지하기 때문이다. 이러한 이유로 황제 카를 4세의 대사였던 바르톨로Bartolo da Sassoferrato[21]는 페루자의 특권을 재확인하기 위해 다음 구절이 담긴 확인서를 얻어내야 했다. "이 특권은 내 후계자들에 의해 폐지되기 전까지 유지될 것이다." 프랑스의 대법관인 로피탈Michel de L'Hospital[22]이 여러 압력에도 불구하고 포세Saint Maur des Fossés가 지닌 타유taille 면제권과 특권에 대한 확인을 거부한 이유도 여기에 있었다. 그것은 개인적인 특권의 성격과 맞지 않는 일이자 〔왕위〕 후계자들의 권력을 침해하는 행위이기 때문이었다. 설사 영구적이라는 단어가 첨가되어 있더라도, 단체와 공동체에 부여된 특권은 오직 그것을 허락한 군주가 생존해 있을 때에만 효력을 갖는다. 그러나 민주정과 귀족정의 경우에는 조금 다르다. 이 때문에 아우구스투스를 계승한 티베리우스Tiberius 황제는 선황이 허락한 특권이 후계자의 재확인 절차 없이 효력을 유지하는 것을 원치 않았다. 반대로 수에토니우스Gaius Suetonius Tranquillus가 말했듯이 특권을 부여받은 자들은 자신들의 특권이 계속 유지되기를 원했고, 황제가 허가한 특권이 일정 기간에 제한되는 것을 원치 않았다.

우리 왕국에서도 새로운 국왕의 즉위에 맞춰 모든 단체와 공동체는 자신들의 특권과 권력, 관할권에 대한 재가를 요청한다. 심지어 고등법원과 상급 재판소, 각 관리들도 마찬가지다. 만일 주권 군주가 선왕들이 정한 법으로부터 자유롭다면, 자신이 정한 법과 칙령에 대해서는 더더욱 그러할 것이다. 타인이 만든 법을 받아들일 수는 있다. 하지만 스스로에게 명령하는 것만큼이나 스스로에게 법을 부여하는 것은 근본적으로 불가능하다. "자신의 의지로 약속한 것에 대해 책임을 져야 할 그 어떠한 의무도 있을 수 없다"라는 법이 있듯이, 자신의 의지에 따른 결정을 스스로에게 명령할 수는 없는 것이다. 이러한 이유로 국왕은 자신이 제정한 법에 종속되지 않는다. 이는 명백한 사실이다. 교회법 학자들이 이야기하듯이 교황은 결코 행동의 자유를 구속받지 않는다. 주권 군주도 마찬가지여서, 설사 원하더라도 스스로를 구속할 수 없다. 우리는 법령 말미에서 "짐의 뜻이 그러하노라"라는 문구를 볼 수 있는데, 이는 주권 군주가 제정한 법이 정당하고 분명한 이유에 따라 정해졌다 하더라도 결국 그 법은 오로지 자유로운 군주의 의지에 의한 것임을 보여주기 위한 것이다. 그러나 지상의 모든 군주는 신법과 자연법에 복종한다. 신성모독죄를 짓지 않는 이상 또는 마땅히 그 권위에 굴복하고 존경과 두려움으로 머리를 조아려야 할 대상인 신에게 전쟁을 선포하지 않는 이상 군주는 자신의 권력으로 이를 위반할 수 없다. 이렇듯 군주의 절대적인 권력과 주권적 영주권은 결코 신법과 자연법을 침해하지 않는다. 절대적인 권력이 무엇인지를 가장 잘 통찰하고 계시며 황제와 군주를 자신의 권세 아래 무릎 꿇게 하시는 그분께서는 그것이 일반법을 위배하는 것과 다르지 않다고 말씀하신다. 신께서는 신법과 자연법에 대한 위배를 언급하지 않았다. 그런데 군주는 스스로 지키기로 맹세한 국법을 지키지 않아도 되는가? 자신이 제정한 법을 지키겠다고 스스로에게 맹세했다 하더라도 군주는 그 법을 결코 지키지 않아도 되며 스스로에게 한 맹세를 어겨도 무방하다는 사실을 분명히 지적할 필요가 있다. 왜냐하면 백성들도 계약에서 행한 성실하고 합리적인 맹세를 어길 수 있고, 그에 관한 법도 이를 허용하고 있기 때문이다.

다른 군주에게 자신과 선왕들이 제정한 법을 수호하겠다고 약속한 주권 군주는, 약속을 받은 군주가 약속의 이행을 원하면 설사 맹세한 바가 없더라도 자신의 의무를 이행해야 한다. 그러나 약속을 받은 군주와의 이해관계가 없을 경우에는 어떤 약속이나 맹세도 주권 군주로 하여금 그 약속을 이

행하도록 강제할 수 없다. 이는 주권 군주가 즉위하기 전에 백성들에게 한 약속의 경우에도 마찬가지다. 대부분의 생각과는 달리 이 경우도 앞의 경우와 전혀 다르지 않기 때문이다. 군주는 스스로 정한 법이건 선왕에 의해 제정된 법이건 간에 법으로부터 자유롭다고 해도, 개인의 경우에서처럼 정당한 계약과 약속은 맹세와 관계없이 지켜야 한다. 그렇다면 사기, 기만, 실수, 강제에 의한 농락이나 크나큰 손해를 당연히 염려해야 하는 경우는 어떨까? 지나치게 부담스럽거나 부당한 약속 그리고 비합리적인 의무 수행이 개인에게서 면제되는 것과 마찬가지로, 주권 군주의 위엄을 약화시키는 것과 관련되었을 때에는 주권 군주는 그러한 약속에서 벗어날수 있다. 즉 우리가 제시하는 원칙은 이러하다. 군주는 자신의 법이건 선왕들의 법이건 간에 법으로부터 절대적으로 자유로우며, 정당하고 합리적인 약속만을 이행한다. 이러한 원칙은 백성 개개인과 국가 모두에게 이로운 것이다. 많은 사람들이 군주의 계약을 법이라고 부르면서 법과 계약을 혼동하는데, 이는 분명한 오해다. 군주의 계약을 협정법이라고 부르는 사람들도 마찬가지의 오류를 범하고 있는 것이다. 협정법이라는 용어는 아라곤 왕국에서 사용되었는데, 국왕이 삼부회의 요청에 따라 금전이나 원조의 대가를 받고 제정한 칙령들을 가리킨다. 이 경우 삼부회는 국왕이 그 법에 구속된다고 말했다. 그러나 아라곤인들은 법이 제정된 이유가 더 이상 존재하지 않게 되면 군주는 그 약속을 이행하지 않아도 된다는 것을 인정한다. 이는 분명히 합리적이며 수긍할 만한 결정이다.

그러나 원칙적으로 군주의 약속을 받은 백성들은 주권 군주에게 법을 지켜달라고 요청하는 데 있어 금전이나 맹세 따위를 필요로 하지 않는다. 군주의 말은, 금전이 오가지 않으면 군주가 약속을 지키지 않는다거나 또는 군주의 맹세가 신뢰할 만하지 못하다거나 하는 등의 나쁜 평판을 얻게 되면, 권위를 상실한 신탁과도 같아지기 때문이다. 그러나 법의 원리는 여전히 군주의 권력에 소재하며, 주권 군주는 자신이 수호하기로 약속하고 맹세한 법의 정당성이 더 이상 존재하지 않는 경우 백성들의 동의 없이 이를 위반할 수 있다. 물론 이는 특별한 경우이지 일반적인 것은 아니다. 약속한 법을 위반할 정당한 이유가 없다면, 군주는 법을 위반해서는 안 되며 그럴 수도 없다. 물론 세습적 후계자가 아니라면 군주는 선왕의 맹세와 계약에 구속되지 않는다는 것은 분명하다. 이러한 이유로 아라곤 왕국의 신분 대표들은 알폰소Alfonso 왕에 대해서, 하이메 1세Jaime I가 1265년 4월에 약속하고 페드로 왕이 1336년에 재확인했음에도 불구하고 그가 화폐 변조와 개혁을 단행함으로써 백성들과 외국 상인들에게 손해를 끼쳤다고 불평했다. 백성은 약속의 대가로, 1리아르의 절반에 해당하는 15마라베디의 연소득을 올리는 가구에서 7년

마다 1마라베디의 세금을 국왕에게 납부하기로 약속했었다. 아라곤 왕국은 분명 남녀 모두에게 세습이 가능한 왕국이다. 그런데 군주와 백성들 사이에 체결된 계약이 더 이상 효력을 갖지 못하면, 즉 군주가 법령 제정을 통해 노린 그 지원이 더 이상 지속되지 않으면 군주는 그 법령에 구속받지 않는다. 마찬가지로 군주가 약속을 지키지 않으면 백성들도 지원에 대한 의무를 이행하지 않아도 된다.

결국 중요한 것은 법과 계약을 혼동해서는 안 된다는 사실이다. 법은 모든 백성을 강제할 수 있지만 자신에 대해서는 그럴 수 없는 주권자에 의해 결정된다. 계약은 군주와 신하들 간의 쌍무적인 것으로서 양측 모두에게 의무를 부과하므로 한쪽이 다른 쪽의 동의 없이, 혹은 다른 쪽의 이익을 무시하면서 계약을 위반하는 것은 불가능하다. 이 경우 군주는 신하보다 결코 우월한 위치에 있지 않다. 군주는 자신이 지키기로 약속한 것이 정당성을 상실하면 더 이상 그 약속을 지키지 않아도 된다. 그러나 백성들의 경우에는 군주에 의해 그 약속이 해제되었을 경우에만 그러한 일이 가능하다. 주권 군주는 선왕들의 법을 수호하겠다는 맹세를 결코 하지 않으며, 만일 반드시 그래야 한다면 그는 주권자가 될 수 없다. 혹자는 이렇게 말할지도 모른다. 기독교 세계의 모든 왕보다 우월한 황제조차 자신의 축성식을 거행하는 쾰른 대주교 앞에서 제국의 법과 금인칙서를 지키고 정의를 세우고 교황에게 복종하고 가톨릭 신앙을 수호하고 과부와 고아와 가난한 자를 보호 하겠다고 서약하지 않느냐고 말이다. 이 내용은 독일에 파견된 교황 대사 카에타누스Cajetanus 추기경이 교황에게 보낸 카를 5세의 서약서에 나오는데, 이러한 지적에 대해서 황제는 제국의 신분제 회의에 종속되어 있으며 군주들과 여러 신분에 대해 결코 주권을 행사하지 않는다는 점을 밝힐 필요가 있다. 이에 대해서는 적당한 시기에 다시 이야기하겠다.

과거 에피루스의 왕들은 적절하고 성실하게 법에 의해 통치할 것을 맹세했지만, 그 백성들도 국가의 관습과 명령에 따라 왕을 지키고 수호할 것을 맹세했다. 이 모든 맹세에도 불구하고 주권 군주는 법의 근거가 소멸하면 법을 위배할 수도, 폐지할 수도 있다. 우리 국가의 왕들이 행한 가장 아름다우며 가장 간결한 맹세도 국가의 관습과 법, 또는 선왕들이 제정한 법을 수호한다는 내용은 담고 있지 않다. 다음은 랭스 도서관에 축약본이 보관되어 있는 고문서에서 인용한 구절이다. "(율리아누스가 존엄하신 왕에게 보냅니다. 1058년 국왕 앙리 재위 32년 6월 28일) 하느님의 가호 아래 곧 프랑스의 왕이 될 나 필리프는 대관식 날에 하느님과 그분의 성인들 앞에서 다음과 같이 맹세합니다. 나는 하느님의 도움을 받아 재위 중에 나에게 맡겨진 교구와 교회들을 의롭게 수호해야 하듯이, 오직 나에게 맡겨진 교회법의 특권과 법과 정의를 힘닿는 한 수호할 것입니다. 내게 맡겨진 인민도, 내가 나의 권위에 따라 법을 공평하게 집행한다면, 나의 권위를 인정할 것입니다. 이상 읽은 내용을 대주교의 손에 맡겨둡니다." 보베의 도서관에도 필리프 1세의 서약을 기록한 유사한 고문서가 있다. 또 다른 문건이 오베르뉴의 생탈리에 수도원에 소장된 아주 오래된 소책자에 실려 있다. "나는 전능하신 신 앞에서 내가 보호해야 할 백성들을 공평하고 성실하게 다스릴 것이며 정의와 자비를 구현하기 위해 최선을 다할 것임을 맹세한다." 이 문구는 〈예레미야〉를 인용한 것처럼 보인다. "나 야훼가 이렇게 말한다…자랑할 것이 있다면, 그것은 나의 뜻을 깨치고 사랑과 법과 정의를 세상에 펴는 일이다. 이것이 내가 기뻐하는 일이다."[23]

먼저 눈에 띄는 것은, 국왕 축성식과 관련된 출판물에 기록된 서약이 변화했고 오랜 전통에서 변형되었다는 사실이다. 그리고 어떤 서약에서도 법과 정의가 허용한다는 조건과 관계없이 법의 수호에 관한 의무가 나타나지는 않는다. 히브리 왕국의 왕들은 아예 어떠한 맹세도 하지 않았다. 사무엘과 엘리야 그리고 다른 선지자들이 축성했던 왕들도 마찬가지였다. 그러나 프랑스와 폴란드의 왕인 앙리 3세Henry III처럼 보다 세밀한 내용의 서약을 행한 자들도 있다. "나 폴란드의 왕 앙리는 전능하신 하느님께 서약하노라. 나는 나의 선왕들과 폴란드 왕국을 다스리는 여하한 군주들이 교회, 제후와 남작, 귀족, 시민, 주민에게 정당하게 부여한 모든 법과 자유, 보통법에 반하지 않는 공적·사적 특권을 준수하고…정의와 모든 주민에게 공평한 공법을 시행할 것이다. 만일 내가 나의 서약을 어긴다면 왕국 주민들은 나에게 복종하지 않아도 된다…하느님, 저를 굽어 살피소서."

그러나 군주는 [여성의 왕위 상속을 금지하는] 살리카 법과 같이 왕국과 그 기반에 관한 법, 즉 왕위 자체에 결합되어 있는 법을 위반할 수는 없다. 마찬가지로 어떠한 경우에도 왕위 계승자는 주권적 권위의 근간을 이루는 왕정법을 침해한다고 판단된 법을 폐지할 수 있다. 샤를 7세Charles VII의 누이 카트린 드 프랑스Catherine de France와 결혼한 프랑스와 영국의 왕 헨리 5세Henry V는 고등법원의 특권과 주권을 인정하고 관습과 법에 따라 왕국을 정의롭게 통치하겠다는 서약을 했다고 알려져 있다. 이것은 1420년 5월 11일에 그가 프랑스 왕위 후계자가 되면서 한 서약의 내용이다. 그는 이러한 서약을 할 것을 요구받았는데, 이는 그가 왕국에 새로 도착한 이방인이기 때문이었으며, 파리 고등법원이 [샤를 7세의 아들의] 상속권을 박탈하기로 결정했기 때문이었다. 장 드 부르고뉴Jean de Bourgogne[무겁공]가 암살되자 그는 나팔 소리가 울려 퍼지는 가운데 제후들이 참석한 자리에서 이 서약을 하게 된 것이다. 그러나 왕국의 근본과는 관계없는 일반적이고 개별적인 관습에 대해서도 국왕이 종속적이라는 관행은 어디에서도 찾아볼 수 없다. 다만 자연법을 따르는 이성과 국왕의 뜻이 뒷받침되었을 때에는 적절하고 공식적인 절차를 통해 소집된 신분제 회의나 지방 행정 기구의 결정에 의해 특정한 관습을 유지하도록 결정할 수 있다. 그러나 이는 국왕이 백성의 의견을 고려해야 한다든가, 또는 백성의 요구를 거슬러 행동해서는 안 된다는 것을 의미하지는 않는다. 여기에서 진정한 주권 군주의 위대함과 존엄함이 드러난다. 명령, 수여 또는 투표권에 대해 어떠한 권력도 행사하지 못하는 인민의 회의는 자신의 청원과 탄원을 겸허하게 제시할 뿐이다. 그리고 국왕이 동의하거나 거부하고자 하는 것들, 명령하거나 금지하고자 하는 것들은 법과 칙령으로 제정되어 지켜진다.

법관의 의무를 다룬 책이나 유사한 저작들은 인민의 대의 기관이 군주보다 우위에 있다고 주장하곤 했다. 그러나 이는 주권 군주에 대한 당연한 복종을 거부하고 백성을 반란으로 이끄는 그릇된 주장이다. 이러한 주장은 국왕이 포로로 잡혔거나 정신 이상자 혹은 미성년자일 경우를 제외하면 타당하지도 않고 합리적이지도 않은 견해다. 주권 군주가 삼부회에 복종한다면 그는 국왕도 아니고 주권자도 아니기 때문이다. 그것은 군주정이 아니라 여러 제후들이 동등한 권력을 행사하면서 전체적으로는 다수가 소수를, 개별적으로는 다수가 개인을 지배하는 귀족정이다. 여기에서 칙령은 삼부회의 이름으로 반포되어야 하며, 귀족적 영주권의 경우와 같이 삼부회에 의해 제정되어야 한다. 이러한 의회의 대표는 어떠한 권력도 갖지 않으며 영주권의 명령에 복종해야 한다. 이 모든 것은 사리에 어긋나며 모순적이다. 샤를 8세Charles VIII(1470~1498)가 미성년이고 삼부회가 가장 강력한 힘을 발휘하던 시기에 투르에서 개최된 한 회의에서 전체 신분을 대표하여 〔국왕의 고해 신부인〕 렐리Jean de Rely는 다음과 같이 말문을 열었다. "지고하시고 위대하시고 진정한 기독교인이시며 우리의 주권자요 자연의 영주이신 폐하! 겸허하고 순종적인 폐하의 백성들이 폐하의 영에 따라 겸손함과 존경심과 복종심에 충만한 채 여기 당신 앞에 모였나이다. 저는 이 유력한 회의로부터 저희의 각별한 애정과 순수한 의지 그리고 단호한 결의를 폐하께 보고하는 책임을 부여받았습니다. 왕국의 모든 백성들은 폐하를 위해 봉사하고 복종하며 폐하의 모든 일과 모든 명령 그리고 폐하의 순수한 기쁨을 위한 지원을 아끼지 않을 것입니다." 삼부회의 모든 연설은 오직 예속과 봉사와 복종만을 이야기할 뿐이다. 오를레앙 회의에서도 이는 마찬가지였다.

에스파냐의 경우도 이와 다르다고는 결코 말할 수 없다. 1552년에 톨레도에서 열린 삼부회에서 행해진 연설도 주권적 영주에 대해 그러하듯이 에스파냐 국왕에 대한 예속과 봉사, 복종의 미사여구를 통해 모든 백성의 순종적 자세를 표현하고 있기 때문이다. 백성들의 겸허한 청원과 탄원에 대한 군주의 동의 혹은 거부를 표현하기 위해 주권 군주는 "우리가 바라건대…" 또는 "우리는 다음과 같이 명령한다…" 등의 문장으로 시작되는 답변으로 자신의 의사를 표명했다. 에스파냐에서는 백성들이 국왕에게 납부하는 입시세조차 봉사료라고 불린다. 벨루게테는 1260년에 하이메 1세가 인가하고 1320년에 재확인한 바 있는 특권을 소멸시킨 아라곤의 왕들과 관련해 왕들이 각 신분의 특권을 침해할 수 없다고 주장했는데, 이는 분명 잘못된 것이다. 하이메 1세가 사망한 다음에는 후계자가 그 특권을 재확인하지 않는 한 그것의 효력이 상실되기 때문이다. 법의 원리에 따라서 동등한 자에게 명령하는 것은 불가능하다. 결국 그러한 특권의 효력이 유지되기 위해서는 다른 왕들의 재확인 절차가 필요하다.

3년마다 개최되는 영국 의회에서 신분 대표들은 북유럽의 경우와 같이 매우 큰 특권을 향유하고 있지만, 그들도 북유럽 사람들이 그러한 것처럼 탄원과 청원에 의한 절차를 밟아야 한다. 1566년 10월에 열린 의회에서 영국의 전체 신분 대표들은 여왕이 왕위 후계자를 선포하기 전까지는 어떠한 사안도 처리하지 않겠다고 만장일치로 결정하고 이를 통보했다. 그러자 여왕은 자신이 아직 죽지 않았음에도 그러한 결정을 하다니 자신의 죽음을 재촉하려는 것이냐고 반박했다. 나아가 의회의 모든 결정은 여왕의 결정 없이는 결코 효력을 갖지 못할 것이라고 덧붙였다. 그리고 대사의 서신들을 통해

나는 영국 여왕이 그들의 요구를 하나도 받아들이지 않았다는 사실을 확인할 수 있었다. 영국의 신분 대표들은 우리나라나 에스파냐에서처럼 국왕의 특허장이나 특별령을 통해서만 회합할 수 있었다. 이러한 사실은 신분 대표들이 승인, 명령 또는 금지에 관한 어떠한 권한도 갖고 있지 않다는 것을 잘 보여준다. 특별한 명령이 없으면 집회를 열 수도, 해산할 수도 없었다. 삼부회의 청원을 받아들여 영국 왕이 공포한 명령들은 삼부회를 통하지 않고는 폐지될 수 없다고 주장하는 사람들이 있을지도 모르겠다. 그러나 박식하고 높은 영예를 누린 영국 대사 데일Dale로부터 들은 바에 따르면 이는 분명 일상적으로 지켜지고 있는 관행이다. 그는 영국의 국왕은 자신의 의지대로 법을 승인할 수도 거부할 수도 있다고 확인시켜주었다. 그래서 헨리 8세Henry VIII는 자신의 고유한 주권을 행사하면서 국왕이 삼부회의 의지에 반해서 그리고 자신의 뜻대로만 법을 제정하지는 않겠다고 맹세했던 것이다. 영국 왕들은 비록 축성을 받지는 않더라도 국가의 관습과 칙령을 수호할 것임을 선서하므로, 이 맹세는 우리가 앞에서 언급한 그 선서에 포함되어야 했을 것이다.

그러나 대헌장에 나오는 에드워드 1세Edward I의 칙령에 입각하여 영국 인민은 의회가 동의하고 허용하지 않는 한 예외적인 의무나 지원의 요구에 불응할 권리가 있으므로 이는 인민이 왕에 비해 우월하다는 것을 의미한다고 말하려는

자가 있을 수 있다. 여기에 대해 나는 다른 나라의 왕도 영
국 왕보다 더 강력하지는 않다고 대답하겠다. 세상의 그 어
떤 군주도 타인의 재산을 함부로 취할 수 없는 것처럼 그 누
구도 자의적으로 백성에게 과세할 권력을 갖지 않는다. 코
민Philippe de Commines의 비망록에 실린 이야기를 보면 그는
투르에서 열린 삼부회에서 이러한 점을 조리 있게 설명했다.
인민의 행복과 안녕은 현명한 예지력과 신속한 대응에 달려
있으므로 유사시에 군주는 삼부회나 백성의 동의를 기다릴
수 없다. 이 문제에 대해서는 차후 설명하겠다. 사실 베르질
리오Polidoro Vergilio의《영국사Anglicae historia》에서 볼 수 있듯
이 헨리 1세Henry I 이래로 영국의 왕들은 3년마다 삼부회에
특별 지원을 요청해왔고 이러한 요청은 대개 받아들여졌다.
1570년 4월에 열린 의회에서 영국 여왕은 50만 에퀴에 달하
는 지원금에 대한 의회의 동의를 얻어냈다. 에스파냐의 삼부
회에서도 유사한 경우가 있었다. 여기서 혹자는 영국의 삼부
회가 유죄 선고권을 갖고 있음을 지적하려 할 것이다. 영국
의 헨리 8세의 기소에 따라 의회는 와이엇Thomas Wyatt과 하
워드Henry Howard[24]에게 유죄를 선고했고, 심지어 헨리 4세
의 런던탑 수감형을 선고하기도 했다. 이 같은 일은 하원 의
원들의 청원에 따라 상원의 법관들에 의해 결정되었다. 하
원은 1571년에 노섬벌랜드Northumberland 공과 웨스트멀랜
드Westmoreland 공, 그 밖의 다른 반란자들을 반역법에 따라

처리하기 위해 상원에 청원하기도 했다. 이것은 각 신분 집단은 어떠한 권력이나 재판권도 갖고 있지 않으며, 그 권력이 상원의 법관들에게 있음을 보여준다. 이는 파리 고등법원이 중요한 사건을 판결할 때 대공과 백伯들이 참석한 가운데 다른 신분들과 따로 분리되어 앉아 있던(다른 신분들과 따로 앉아 참관했던) 것과 같은 이치다.

영국의 의회와 관련해서 해명해야 할 어려운 문제가 아직 남아 있는 것으로 보인다. 영국의 신분 대표들은 국가적 사안에 대해 명령권과 결정권을 갖고 있는 것처럼 보이기 때문이다. 메리Mery 여왕이 펠리페 2세Felipe II와의 혼인과 관련된 조항들을 통과시키기 위해 의회를 소집했고, 수차례의 논쟁과 어려움 끝에 1554년 4월 2일 조약이 검토되어 의회의 이름으로 판결문이 만들어졌다. "웨스트민스터 궁에서 열린 회의에 모인 여러 신분 대표들은 아래의 조항들을 검토했다. 이 조항에 따라 여왕이 관할하는 관직과 봉록의 배분과 수여가 이루어질 것이다. 혼인이 성사된 후에는 모든 이익과 지대, 지방과 토지와 영주령에서 나오는 소득과 이익, 지대, 부산물에 대한 권리 그리고 왕국과 지방과 토지와 신하들에 대한 주권적 권력을 절대적으로 여왕만이 누린다. 혼인을 약속한 군주는 영국민의 호의를 명분으로 왕위와 이 왕국의 주권과 다른 권리들과 우월권, 그 밖의 어떠한 권위에 대해서도 권리를 주장할 수 없다. 모든 명령과 특허장은 왕과 왕비의 공동 자격으로 만들어질 것이다. 특허장에는 오직 왕비의 서명만이 들어가며 대법관의 옥새가 날인되어야만 유효하다. 왕비의 서명이 없는 것은 무효다."

나는 완전한 주권이 영국의 왕에게 분할 없이 귀속되며 의회는 주권에 대해 여하한 방식으로도 결코 개입할 수 없음을 입증하기 위해 감사監査 문제를 자세하게 검토하고 싶었다. 왜냐하면 삼부회의 감사는 법정이나 의회 혹은 어느 단체나 집단과 마찬가지로 명령권을 보여주기에는 충분하지 않고 다만 문서에 효력을 부여하기 위한 동의를 의미할 뿐이기 때문이다. 그렇지 않다면 그 법령은 왕국의 관리와 법관의 반대에 의해 여왕의 사망 이후 또는 생존 시에라도 언제든 의심받을 수 있으니 말이다. 결국 군주의 주권은 결코 흔들림이 없어야 하고 의회 앞에서 약화되는 법이 없어야 한다. 물론 그러한 회합에서 군주는 신하들을 매정하게 내치려 하지 않는다. 군주는 오로지 제3자의 눈과 귀 그리고 그의 보고를 통해서 듣고 볼 수밖에 없기 때문에 속임을 당하는 수가 있다. 그리하여 군주는 그러한 자신에 대해 원망하게 되고, 또 고통 받는 인민의 정당한 청원과 기도, 탄원에 마음이 움직이지 않고는 동의하지 않을 몇몇 사안들을 승인하고 통과시키게 된다. 하지만 그럼으로써 전체 인민이 국왕을 주권자로 인정하게 되며, 그의 위엄은 더욱 위대해지고 고양된다.

이렇듯 주권의 위엄과 절대적인 권력이라는 근본적 속성

은 주권자가 백성의 동의 없이도 법을 제정할 수 있다는 데에 기인한다. 다른 나라의 경우를 살펴볼 필요 없이 우리 왕국에서도 국왕의 칙령은 신분 대표들의 전체 혹은 개별 회합 없이도 부당함이 드러난 몇몇 관습을 폐지시켰다. 모친의 상속권이나 자식들의 재산에 관한 오랜 관습은 전체 또는 개별적 신분제 회의의 소집 없이 변경되었다. 이는 전혀 새로운 것이 아닌데, 이미 미남왕 필리프 시대에도 왕국의 전 지방에 걸쳐 지켜지던 관습, 즉 재판에서 패소한 자가 재판 비용을 부담하는 것을 인정하지 않던 관습이 삼부회의 동의 없이 국왕 칙령에 의해 폐지되었다. 민사 소송에서 여성의 증언을 거부하던 오랜 관습도 신분제 회의의 동의 없이 샤를 6세의 칙령으로 폐지되었다. 법률가인 카이킬리우스Sextus Caecilius[25]가 말했듯이, 주권 군주는 상황에 따라 법을 고칠 수 있으며, 법을 바로잡는 힘이야말로 군주의 권력이다. 그것은 선장이 배를 자신의 뜻대로 움직이기 위해서 키를 장악하고 있어야 하는 것과 같은 이치다. 반대로 배를 조종하는 데 있어 승객들의 견해에 귀를 기울여야 한다면 그 배는 난파될 것이다. 폼페이우스와 10인 위원회에 대해 이미 설명했듯이, 이 교훈은 주권 군주뿐만 아니라 종종 집정관에게도 필요했다. 이러한 이유로 아우구스투스는 비록 주권 군주가 아니라 단지 국가의 수반일 뿐이었지만 악티움 해전 이후 원로원에 의해 법을 위반할 수 있는 자유를 부여받았던 것이다. 이 점에 대해서도 적당한 때에 다시 언급할 것이다. 이후 베스파시아누스Vespasianus 황제가 특별 시민법에 의해 법을 따르는 것으로부터 자유로워졌고, 이 사실은 아직도 석판에 새겨져 로마에 남아 있다. 오래전에 모든 권력을 포기해버린 인민이 가장 강한 자에게 전권을 부여했다는 분명한 근거가 없으므로 법률가들은 이러한 자유를 왕의 법이라고 불렀다.

그런데 주권 군주가 국가를 올바르게 통치하기 위해서 법의 권력을 장악하는 것이 필요하다면, 귀족정 국가의 영주에게도, 민주정 국가의 인민에게도 이는 마찬가지다. 왜냐하면 〔왕정하에서〕 국왕은 인민과 분리되며, 귀족정하에서 영주는 평민들과 분리되기 때문이다. 그리하여 두 형태의 국가 모두에 서로 다른 두 부분이 존재하게 되는데, 한편으로는 주권자가 존재하며 다른 한편으로는 인민이 존재한다. 만일 국가를 장악하고 있는 군주 혹은 귀족들이 일반적인 견해에 따라 법을 지켜야 한다면, 많은 사람들이 생각하듯이 그들은 인민이나 원로원이 동의할 때에만 법을 제정할 수 있을 것이며, 법적으로 그들의 동의가 없으면 법을 폐지할 수도 없을 것이다. 이러한 일은 민주정 국가에서도 발생할 수 없는데, 인민은 오직 하나의 몸을 형성할 뿐이며, 스스로를 구속할 수 없기 때문이다. 혹자는 그렇다면 왜 로마인들은 법을 지키겠다는 서약을 했겠느냐고 질문할 것이다. 카시우스Dio Cassius[26]는 이 서약이 한 호민관의 청원에 따라 도입된 새로운 관행이며, 비록 상식 밖의 부당한 처사로서 문제를 해결하기보다는 오히려 문제를 일으키는 결정이었지만 이후 모든 법에 지속적으로 적용되었다고 적고 있다.

이 문제에 관해서 나는 먼저 그 서약이 각자에 의해 개별적으로 행해졌다는 점을 지적하고자 한다. 모든 로마인이 전체적으로 서약할 수는 없었는데, 서약이란 열등한 자가 우월한 자에게 행하는 것이기 때문이다. 반대로 왕정하에서는 각자가 개별적으로, 그리고 전체 인민이 집단적으로 법의 수호를 맹세하고 주권 군주에게 충성을 서약해야 하며, 군주는 자신에게 권력과 왕권을 부여하는 신에게 서약한다. 서약은 서약을 바치는 대상 또는 서약이 내거는 이름에 대한 경의를 내포하기 때문이다. 쌍무적인 관계임에도 불구하고 주군이 그의 가신에게 서약하지 않는 것은 이러한 이유 때문이다. 그런데 주권 군주가 오로지 신에게만 서약한다면, 트라야누스Marcus Ulpius Trajanus 황제는 왜 착석한 집정관 앞에서 기립한 상태로 법 수호를 서약했을까? 여기에는 두 가지 대답이 있을 수 있다. 먼저 황제는 자신이 집정관을 겸직하고 있을 때 이 서약 절차를 밟았다. 신임 집정관들은 새해 첫날에 주피터 신전에서 제사를 올린 다음 시내에 살고 있는 가장 높은 지위의 법관을 찾아가 그 앞에서 서약을 했다. 트라야누스 황제는 다른 황제들처럼 황제직 외에도 몇 차례 집정관직을 맡았다. 두 번째로, 초기의 로마 황제들은 주권자가 아니라 단지 원수, 프린키피아라고 불린 제1시민이었다. 이 국가 형태는 외견상 귀족정이지만 사실상의 왕정이었으며 원수정principatus이라고 불렸다. 황제는 직위와 권세 그리고 회합에서 언제나 우선권을 행사했다. 하지만 사실상 대부분의 황제들은 폭군이지 않았던가. 언젠가 몇몇 이방인 왕들이 칼리굴라의 식탁에서 자신들의 고귀함과 위대함을 거론하자 황제는 다음과 같은 호메로스의 시구를 읊었다고 한다. "여러 명의 제후가 있는 것은 바람직하지 않다. 왕은 하나여야 한다." 수에토니우스는 그가 당시 왕관을 쓰지는 않았지만 국가 형태를 원수정에서 왕정으로 교체한 것과 다를 바 없다고 기록했다. 그러나 공작이건 장군이건 원수이건 간에 이들이 주권자가 아니라는 것은 분명하다. 예를 들어 베네치아 공작도 주권자라고 할 수는 없는데, 이에 대해서는 적당한 기회에 설명하도록 하겠다.

황제가 사실상 주권을 잠식했다 하더라도——이는 어느 정도 확실한 사실인데——역사상 보기 드문 대표적인 제왕이자 군주의 자격으로 법을 따르는 것으로부터 자유로웠던 트라야누스가 백성들이 더욱 성실하게 법을 준수하도록 스스로 모범을 보였다는 사실에 대해서 그다지 놀라워할 필요는 없어 보인다. 이전의 황제들은 누구도 그처럼 행동하지는 않았는데, 이 때문에 소小 플리니우스Gaius Plinius Caecilius Secundus는 트라야누스의 서약에 대해 "황제가 법을 지키겠다고 서약한 것은 한 번도 보지 못한 기이한 일이다"라고 기술했다. 사실 트라야누스의 행동은 전혀 새로운 것이었다. 이후 테오도리쿠스Theodoricus가 원로원과 로마 시민들의 지지를 얻기 위해 트라야누스의 선례를 따랐다. 카시오도루스Flavius Magnus Aurelius Cassiodorus[27]는 이와 관련해 "여기 트라야누스의 그 유명한 선례를 상기하자. 그는 자신에게 서약한 당신들 앞에서 서약했다"라고 적고 있다. 그리고 다른 군주들은 설사 그들이 세습적인 권리에 의해 주권을 장악했더라도, 즉위식에서의 이러한 서약을 관습으로 받아들였던 것처럼 보인다. 북유럽 국가의 왕들이 주권에 위배되는 서약을 하는 것도 분명한 사실이다. 덴마크의 귀족들은 1559년 8월에 국왕 프레데리크 2세Frederik II의 엄숙한 서약이 있기 전까지 그의 즉위에 저항했었다. 국왕이 한 서약의 내용에 따르면, 국왕은 원로원의 판결 없이 귀족을 사형에 처하거나 재산을 몰수할 수 없으며, 모든 귀족은 자신의 종사從士들의 생명에 관한 최종 판결권과 권력을 행사하며, 이 경우 국왕은 벌금이나 재산 몰수 등에 관여할 수 없으며, 또한 국왕은 원로원의 동의 없이 관직을 수여할 수 없었다. 이 모든 것은 덴마크의 왕이 주권자가 아니라는 주장을 뒷받침한다. 이 서약은 처음에, 프레데리크 (2세)의 조부인 프레데리크가 당시 왕이었던 크리스티안과 전쟁 중이었을 때 마지못해 행한 것이었다. 크리스티안은 25세에 감옥에서 사망했고, 이후 프레데리크 (2세)의 아들 크리스티안이 이 서약을 갱신했다. 국왕이 서약을 파기할 수 없도록 귀족은 뤼베크 시, 그리고 덴마크의 왕만큼이나 주권을 갖지 못했던 폴란드의 왕 아우구스트Sigmund August와 동맹을 체결했다.

하지만 두 가지 사실을 잊지 말자. 먼저 민법을 지키겠다고 맹세해야 하는 왕은 주권자가 아니다. 정황, 시간, 사람에 따라 법을 고치고 변경하고 폐지하기 위해 맹세를 어길 필요가 있는 주권 군주는 자신의 맹세를 어김으로써 위증자가 되기 때문이다. 그리고 군주가 주권자가 아니어서 원로원이나 인민의 의견을 따라야만 한다면, 그 군주는 백성들로부터 법을 반드시 지키겠다는 맹세를 면제받아야 할 것이며, 따라서 개인적으로든 전체적으로든 법을 준수해야 하는 백성들도 위증죄를 범하는 것이 된다. 그렇다면 백성들도 군주로부터 그 서약을 면제받을 필요가 있다는 이야기가 된다. 결국 주권은 인민과 군주 양측에서 행사되며, 때로는 인민이, 때로는 군주가 주인이 되어버리는 형국이 발생한다. 이는 정말 어처구니없는 일이며, 절대적인 주권의 개념에 완전히 모순될뿐더러 자연법과 이성에 어긋나는 처사다. 그럼에도 불구하고 스스로 가장 유능하다고 자부하는 자들이 지방의 관습과 법을 지키겠다는 맹세를 하도록 군주를 강제해야 한다고 주장하고 있다. 그들은 귀족정이나 민주정을 만들기 위해 신성한 주권의 위엄을 타락시키고 무력화하고 있다. 주권 군주는 자신의 고유한 권력을 박탈당하고 자신이 제정한 법 아래에 스스로 종속된 것을 깨달음으로써 세속법과 신법과 자연법 모두를 똑같이 취급하면서 이를 아예 부정하려 하게 될 수도 있다. 이 점을 분명히 해두자. 혹자는 메디아와 페르시아의 법에서조차 왕의 칙령은 철회될 수 없었다고 주장하면서 이를 입증하는 세 가지 사례를 제시한다. 메디아의 왕은 자신이 제정한 법에 따라 사형이 언도된 다니엘을 구해주고자 했지만, 대공들은 왕이 정한 칙령을 철회해 국가의 법을 훼손할 수는 없다고 탄원했고, 결국 다니엘은 사자 우리 안에 던져지고 말았다. 지상에서 가장 강력한 군주가 자신이 만든 법을 철회할 수 없다면, 주권에 관한 우리의 주장은 어딘가 잘못되어 있다.

이러한 경우는 왕정뿐만 아니라 민주정에서도 발생할 수 있다. 아테네의 경우가 그러한데, 투키디데스에 따르면 펠로폰네소스 전쟁은 아테네인들이 메가라인들의 아테네 항 정박권을 박탈하는 법령을 발포한 데서 비롯되었다. 기본적인 권리를 침해하는 이러한 모욕에 대해 메가라는 동맹국들에게 불만을 토로했고, 스파르타인들은 이 법령을 철회해줄 것을 요청하기 위해 아테네에 특사를 파견했다. 당시 아테네의 최고 권력자였던 페리클레스는 스파르타의 특사들에게 아테네의 법에는 아무런 문제가 없으며, 발포된 법령이 공시되면 결코 철회되는 법이 없다고 대답했다. 진정 그렇다면 (아테네) 시민들은 그들이 제정한 법뿐만 아니라 앞서 만들어진 법에도 복종해야 했을 것이다. 테오도시우스 황제는 원로원 의원들의 동의에 입각한 법 제정을 희망했다. 기사단Chevaliers de L'Ordre[28]의 설립에 관한 프랑스 왕 루이 11세의 칙령은 제8항에서, 국왕이 기사단에 통고해 조언과 견해를 듣지 않은 채 전쟁 또는 그 밖의 다른 위험한 사업을 추진할 수 없다고 명시하고 있다. 우리나라 왕의 칙령은 고등법원에서 낭독, 공포, 검토, 등록의 절차를 거친 후에 검찰총장의 동의와 법원의 승인을 받아야만 효력을 갖는다. 결코 훼손된 적 없이 온전히 보존된 영국 법의 원리도 마찬가지여서, 국가에 치명적인 법령이라면 의회의 동의를 얻지 못할 것이며, 철회될 것이다. 하지만 분명히 말하건대, 이러한 상반된 견해에도 불구하고 우리가 제시한 국가의 규범은 틀린 것이 아니다. 메디아의 법에 관해서 말하자면, 다니엘 사건은 외국 출신의 왕자가 국왕의 위엄에 근접할 정도로 높은 지위에 오르는 것을 보고 분통을 참지 못한 궁정인들이 다니엘을 상대로 벌인 모략이다. 왕은 그들의 모략에 넘어가주었지만 이는 다니엘의 신이 그를 형벌에서 보호해주리라는 증거를 만들기 위해서였고, 실제로 그대로 이루어졌다. 그러자 왕은 곧 다니엘의 적을 굶주린 사자의 우리 속에 던져버렸다. 이 이야기는 결국 국왕이 그 나라의 법에 종속되지 않는다는 사실을 잘 보여준다. 다리우스도 한 젊은 유대 여성의 탄원을 받아들여 유대 국가의 절멸을 명령한 칙령을 철회했다. 아테네의 경우를 살펴보자면, 테오폼포스와 티마이오스가 증언하듯이, 그리고 플루타르코스도 부정하지 않듯이, 페리클레스는 적이 비난할 수 없는 전쟁의 기회를 노리고 있었고, 이를 위해 스파르타의 특사들에게 한번 원기둥에 걸린 법령은 철회될 수 없다고 대답했다. 물론 스파르타의 특사들은 이에 대해 명쾌한 스파르타식 어조로, 칙령을 걷어내는 것이 아니라 단지 칙령이 적힌 현판을 뒤집어놓기를 바란다고 응수했고, 소기의 목적을 달성했다.

아테네인들의 법령이 진정 철회 불가능한 것이었다면 그들이 왜 새로운 법이 만들어질 여지를 남겨놓은 채 이러저러한 법을 제정했겠는가? 페리클레스가 특사들을 농락했다는 것을 확인하는 데는 렙티네스를 상대로 데모스테네스가 행한 연설이 좋은 예가 될 것이다. 렙티네스는, 시민들에게 향후 면제권이나 특권을 얻기 위해 청원을 제출하는 것을 사형으로 금지하는 영속적이며 철회 불가능한 법령을 제정하자고, 그리고 이 법령을 폐지하자고 주장하는 자에게도 유사한 형벌을 부여하자고 요청했다. 데모스테네스는 그 자리에서 이 요청을 거부했는데, 만일 시민들이 이 법령을 받아들이면 면제권과 특권을 수여할 권리뿐만 아니라 긴급한 법 제정을 위한 권한과 법 폐지권도 소멸될 것이 분명하기 때문이었다. 물론 데모스테네스의 변론에서 잘 볼 수 있듯이, 아테네인들은 기존의 법에 위배되는 칙령을 통과시키고자 하는 모든 사람들을 상대로 법 위반에 대한 단체 소송을 제기할 수 있었다. 그러나 이 때문에 유용하고 효과적인 새로운 법이 부당하고 낡아빠진 법을 대체할 수 없었던 것은 아니다. 시민들이 한 번 결정한 형량은 결코 감소될 수 없다고 명시한 법령이 여러 차례에 걸쳐 철회되지 않았던가. 페리클레스나 클레오메돈 그리고 데모스테네스의 경우가 그러했는데, 이들에 대해 시민들은 다양한 판결을 내렸고 3만 에퀴의 벌금형을 언도했다. 우리 왕국에서도, 그것이 정당하건 부당하건 간에, 한번 지불된 벌금은 결코 환수될 수 없다고 이야기된다. 그러나 그 반대의 경우도 종종 있지 않은가. 결국 법을 제정하는 자들이 법의 힘과 권위를 증대시키기 위해 "영속적이며 철회 불가능한 칙령으로"라는 구문을 덧붙이는 것은, 모든 국가에서 행해져왔고 또 행해지고 있는 관례다. 우리 왕국에서도 칙령 머리에 그것이 후대에도 계속 적용된다는 점을 알리기 위해 "지금 그리고 앞으로도"라는 구문을 삽입했다. 그리고 임시로 제정된 법령과 구별하기 위해 일반적인 노란색 밀랍 대신 녹색 밀랍을 사용하고, 초록색과 붉은색 매듭을 달아 그 위에 날인했다. 그러나 영구적인 칙령이란 존재하지 않는다. 로마의 법 제정자는 법령 마지막에 원로원도 시민도 결코 해당 법을 위반할 수 없다는 구절을 덧붙였지만, 그것마저 영원하지 않았다. 정말 영원한 것이라면 왜 시민들이 어느 날 갑자기 법을 폐지시켰겠는가?

키케로의 이야기를 들어보자. "호민관 클라우디우스가 자신이 공포한 법을 원로원이나 시민 그 누구도 결코 위반할 수 없다는 구절을 법령 말미에 삽입했다는 것을 자네는 모르지 않을 걸세. 하지만 모두가 잘 알고 있듯이, '법은 원로원을 위해서도 인민을 위해서도 흔들릴 수 없다'라는 구절 따위에는 누구도 유의하지 않는다네. 그렇지 않다면 모든 법이 이 구절을 달고 있는 한, 폐지된 법이란 존재할 수 없지 않겠나. 그리고 그 구절에도 불구하고 사람들은 일상적으로 법을 위반한다네." 한 명은 평민이어야 한다는 규정에 따라 귀족 출신의 두 집정관을 선출할 수는 없다며 반발하던 호민관들에 대해 암부스투스Fabius Ambustus가 행한 연설은 더욱 시사적이다. 그는 12표법에 시민의 최종 요구보다 더 강력한 법은 없다고 명시되어 있지 않느냐고 반박했다. 우리 국왕들은 종종 칙령에 "과인이나 과인의 후계자들이 이를 위반함 없이…" 또는 "현재 과인이 무효임을 선언한 위반 사항에 대해 고려함 없이…"와 같은 구절을 달곤 했는데, 페르시아인, 메디아인, 그리스인, 라틴인 모두가 법령의 유효함을 강조하기 위해 같은 방식을 사용했던 것이다. 그러나 이미 말했듯이 스스로 법을 부여할 수 없다고 해서 법 제정을 포기할 수는 없는 노릇인데, 왜냐하면 이후에 제시될 법령은 법률 위반에 대한 명백한 예외 규정을 언제나 명기하고 있기 때문이다. 솔론은 아테네인들에게 자신이 만든 법을 영원히 지키라고 강요하지 않고 100년 동안만 지켜줄 것을 요구하는 것에 만족했다. 하지만 그나마도 지켜지지 않았는데, 솔론은 자신이 여전히 생존해 있음에도 그 법의 대부분이 수정되는 것을 보아야 했다. 삼부회나 고등법원이 법령을 검토하는 문제에 관해서 말하자면, 이러한 법령 검토 절차가 법령의 유효성을 확보하는 데 매우 중요한 역할을 하기는 하지만, 이 절차를 거치지 않는다고 해서 주권 군주가 법을 제정하지 못하는 것은 아니다. 테오도시우스 황제도 원로원의 동의가 "불가피한 것이라기보다는 인간적인 도리"에 의한 것이라는 점을 보여주기 위해 '인간적'이라는 표현을 애써 명기했다. "주권 군주가 자신이 만든 법을 지키는 것은 바람직한 일이다. 그럼으로써 군주에 대한 백성의 경외심이 드높아진다"라는 이야기도 비슷한 의미로 이해될 수 있다. "스스로의 명령을 훼손하는 것이 타인의 명령을 훼손하는 것보다 더 경박하고 허망한 일이다"라는 어느 로마 원로원 의원의 말처럼, 법을 무시하는 행위보다 법의 권위를 침해하는 일은 없다. 그러나 만일 군주가 살인을 금지하고 살인자를 사형에 처한다는 법을 제정하면, 군주 자신은 이 법에 구속될 것인가? 분명히 말하지만 (살인과 관련된) 이 법은 왕이 만든 것이 아니라 신께서 만드신 법이자 자연의 도리다. 그러므로 왕은 그 어떤 신하보다도 더 이 법을 지켜야 하며, 원로원도 인민도 이러한 도리로부터 군주를 자유롭게 할 수 없다. 왕은 언제나 신의 판결에 대해 책임을 져야 한다. 솔로몬의 말대로 신은 매우 엄정하게 이를 가르쳐주신다. 법관이 개인을 재판하듯이 왕은 법관을 재판하고, 그 왕을 재판하는 것은 바로 신이라고 마르쿠스 아우렐리우스가 말하지 않았던가. 이것이 가장 현명한 제왕으로 존경받는 두 군주의 견해다. 여기에 아시아의 왕 안티고노스를 첨가할 수 있을 것이다. 왕에게는 모든 것이 정의롭다는 한 아첨꾼의 말을 듣고 그는 그러한 이야기는 야만인의 왕이나 폭군에게나 해당하는 것이라고 대답했다. 이러한 견해를 제시한 최초의 인물은 아낙사르코스였는데, 그는 알렉산드로스 대왕으로 하여금 정의의 여신이 제우스의 오른팔이듯 군주가 행하는 것은 모두 정의롭다고 믿게 했다. 그러나 얼마 후 그는 이 정의를 경험해야 했는데, 적장인 키프로스의 왕에게 붙들려 모루 위에서 바스러져 죽고 말았던 것이다. 세네카는 이와는 전혀 다른 견해를 말하고 있다. "카이사르에게는 모든 것이 가능하다. 그러나 모든 것이 가능한 만큼 그는 자유롭지 못하다." 이렇듯 스스로 제정한 법뿐만 아니라 신법과 자연법 그리고 그에 입각한 정의로운 법까지 그 어떤 것에 대해서도 군주가 자유롭다고 주장하는 자는, 특권에 관한 논의에서 지적했듯이 예외 없이 신을 모독하는 자이다. 심지어 시칠리아의 폭군 디오니소스도 자신의 모친에게, 시라쿠사의 관습과 법으로부터 그녀를 자유롭게 해줄 수는 있지만 자연법에 대해서만큼은 그럴 수 없다고 말했다. 개인의 증언(유언)과 계약이 법관의 명령에 위배될 수 없는 것과 마찬가지로, 법관의 명령은 관습이나 주권 군주가 정한 일반법을 거스를 수 없으며, 주권 군주의 법도 신법과 자연법을 바꾸거나 변경시킬 수 없는 것이다. 이러한 이유로 로마의 법관들은 시민들에게 청원서와 법령의 승인을 요청하면서 "부당하고 비합리적인 것이 있다면 승인을 요구하지 않았을 것이다"라는 구절을 첨가하곤 했다.

　많은 사람들이 주권 군주에 대해, 분명한 이유 없이 결코 신법을 거스르는 행위를 명령할 수 없다고 이야기해왔다. 그러나 이 또한 잘못된 견해다. 도대체 신법을 거스를 만한 이유라는 것이 무엇이란 말인가? 그들은 교황에게서 신법으로부터의 면제권을 부여받은 자는 신에 의해 보호된다고 말하는데, 이에 대해서는 이의를 제기하고 싶지 않다. 그런데 군주가 자연법을 따라야 하며, 동시에 보통법이 공정하고 이성적이라면 결국 군주도 이 보통법을 거스를 수 없다는 결론이 나오지 않느냐고 주장하는 사람들이 있다. 이 문제에 대해서 파카투스Pacatus[29]가 테오도시우스Theodosius 황제에게 한 조언을 상기하자. "폐하는 법이 허용하는 만큼만 명령을 내리실 수 있습니다." 내 생각으로는 주권 군주의 법이 적용되는 곳은 공적인 영역이나 사적인 영역, 또는 공적이면서 사적인 영역 모두이다. 즉 명예보다 이익에 관계된 문제, 명예와 관계없는 이익의 문제, 이익과 관계없는 명예의 문제, 명예와 결부된 이익의 문제, 아니면 이익과 명예 그 어디에도 상관없는 문제들이다. 명예란 자연의 권리에 충실한 상태를 의미한다. 그리고 모든 군주가 이러한 자연의 권리를 위배할 수 없다는 점은 분명하다. 법을 제정하는 것은 군주라고 하더라도, 그 법은 자연법에 근거한 것이기 때문이다. 그것이 정의롭고 이로운 것일 경우에는 더더욱 그러하다. 이롭지도 않고 명예롭지도 않은 법은 고려할 필요도 없다. 이익이 명예와 배치되는 경우 명예를 선택하는 것이 옳다. 그러나 정의로운 아리스테이데스Aristeidēs[30]가 인정했듯이, 명예보다 이익을 선택해야 한다고 말했던 테미스토클레스Themistocles의 견해도 비록 점잖지 못하고 저속하기는 하지만 대중에게 매우 유익할 수 있다. 그러나 설령 법이 유익한 것이라도, 또 그것이 자연적 정의를 훼손하지 않는 것이라도, 군주는 이에 종속되지 않는다. 오히려 법 위반이 누군가에게 이익을 가져다줄 수 있다면, 그리고 이유 없이 다른 사람들에게 해를 끼치지 않는다면, 군주는 원할 경우 그 법을 수정하거나 폐지할 수 있다. 군주는 좋은 법을 폐지·말소하고 그보다 덜 훌륭한 법을 만들 수도 있고 또는 더 나은 법을 만들 수도 있기 때문이다. 이익과 명예와 정의에는 서로 더 좋고 나쁜 순서가 있다. 군주가 유용한 법 가운데서 가장 필요한 것을 선택할 수 있다면, 정의롭고 명예로운 법에 관해서도 마찬가지여서, 비록 누군가는 그것으로부터 이익을 취하고 누군가는 피해를 입겠지만, 그러한 이익이 공공을 위한 것이고 그 피해가 개인적인 것인 한, 가장 공정하고 가장 적절한 법을 선택할 수 있다.

그러나 백성은 정의 혹은 명예를 이유로 군주의 법을 위반할 수 없다. 기근이 닥치면 군주는 생필품의 거래를 금지한다. 이러한 조치는 인민들에게 이로운 결정일 뿐만 아니라 정당하며 합리적이다. 군주는 백성, 특히 상인들에게 피해를 입히면서 몇몇 사람들이 이득을 취하도록 눈감아줘서는 안 된다. 아첨꾼과 중개인이 취하는 이익의 그늘 아래에서 더 많은 선량한 상인들이 피해를 보게 될 것이며, 전체적으로는 모든 백성이 굶주림에 신음할 것이기 때문이다. 그러나 기근과 결핍이 끝나더라도 백성은 군주가 명령을 철회하기 전에는 그 결정을 위반해서는 안 된다. 신께서는 어느 한 나라를 다른 나라보다 더 부강하게 만드시는데, 백성은 그와 같은 융성함을 이웃에게 알리고 이웃을 도와주기 바라는 자연적 형평성의 원리에 입각하여 스스로 협정을 만들 수 없다. 그러한 금지가 신법과 자연법을 직접적으로 위배하는 것이 아닌 한, 외형적인 형평성의 원리보다는 금지령이 더 강력하며, 아무리 정의롭고 합리적으로 제정된 민법이 존재한다 하더라도 군주가 이에 종속되는 일은 없기 때문이다. 만일 군주가 반란과 살인을 종식시키기 위해 무장 금지를 엄명한다고 하더라도 그 자신은 이러한 법에 종속되지 않는다. 오히려 군주는 양민을 보호하고 악인을 벌하기 위해 가장 완벽하게 무장하고 있어야 한다. 백성과 관련된 정당한 법령 중에는 특정인에게 국한되어 또는 일정한 기간, 특정한 장소에 국한되어 민법에 의거한 다양한 형벌이 적용되는 법령이 있을 수 있다. 범죄를 금지하는 것이 신법과 자연법을 따르는 당연한 도리라고 하더라도 우리는 이러한 칙령과 명령에 대해 이와 같은 판단을 내릴 수 있다. 이러한 법에 대해서 군주는 그것의 자연법에 입각한 정의가 성립되지 않는 한 이를 지킬 의무를 갖지 않는다. 이와 반대로 백성들은 군주가 그 법을 변경하기 전에는 이를 준수해야 한다. 그 법이 모든 왕 중의 왕이신 신의 법에 직접적으로 배치되지 않는다면, 신께서 권력을 부여한 자가 만든 법에 복종하는 것이 신법과 자연법을 따르는 것이기 때문이다. 이는 신하가 자신의 주군에게 전적인 충성을 맹세할 때에도 주권 군주를 제외하는 것과 같은 이치다. 신하는 모든 지상의 군주를 지배하는 절대적 주군이신 하느님을 제외하고는 주권 군주에게 절대적으로 복종해야 한다.

이제 우리는 국가에 관한 또 하나의 규범을 수립할 수 있다. 주권 군주는 신하 혹은 외국의 군주와 체결한 계약을 지켜야만 한다. 백성들에게 주권 군주는 그들이 계약한 상호 의무와 협정에 대한 보증인이기 때문이다. 군주는 정말로 정의에 대한 채무자라고 불릴 만하다. 파리 고등법원이 1563년 3월에 국왕 샤를 9세에게, 국왕은 정의의 채무자이므로 제1신분과 체결한 계약을 제1신분의 동의를 얻지 않은 채 국왕의 위엄만으로 파기할 수는 없다고 했던 것도 이러한 이유 때문이다. 군주들의 권리를 규정한 다음의 구절은 황금색 글씨로 왕궁에 새겨놓을 만하다. "만일 군주가 자신의 약속을 어긴다면 그것을 불가항력적인 것으로 보아야 하며, 그 반대로 생각해서는 안 된다." 그것은 이중적인 의무다. 그것은 협정과 약속은 지켜져야 한다는 자연의 형평성에 대한 의무이면서 설사 손해를 보더라도 군주는 약속을 지킨다는 믿음에 대한 의무다. 군주는 백성들 상호 간에 형성되는 신뢰에 대한 공식적인 보증인이기 때문이다. 군주에게 있어서 거짓 맹세보다 더 수치스러운 범죄는 없다. 그래서 약속에 관한 문제에 있어서 법정은 그 어떤 신하보다 주권 군주에게 더욱 엄격하다. 개별적인 영주들과는 달리 군주는 정당한 사유 없이 신하에게 부여한 관직을 박탈할 수 없다. 영주들은 가신의 영지를 관례에 따라 박탈할 수 있지만 정당한 사유가 없는 한 군주에게 그러한 행동은 불가능하다.

교회법 학자들은 군주는 오직 자연법에 따라 구속될 뿐이며, 따라서 군주에게 민법에 따른 의무를 강제하는 것은 잘못이라고 말한다. 나는 이러한 주장에 대해서 다음과 같이 대답하고 싶다. 법률적으로 협정이 자연권 또는 만민의 공통된 권리에 속하는 것이라면, 협정에 따른 의무와 행위도 같은 속성을 지니는 것이 분명하다. 그러나 분명하게 말해야 한다. 군주는 자신이 신하들과 맺은 협정이 비록 시민법에 근거한 것이라고 해도 자신의 절대적인 권력을 이용하여 이를 위반해서는 안 된다. 대부분의 법학자들이 동의하듯이, 모든 판결의 원천이신 하느님조차 자신이 한 약속을 깰 수는 없는 법이다. "지상의 모든 백성들아, 내게 모여라. 그리고 나와 내 백성들 사이에서 내가 약속한 것을 어긴 적이 있는지 판단해보아라." 그래서 일부 학자들이 주장하듯이 백성들과 계약을 체결한 군주에게 약속을 반드시 지킬 의무는 없다고 생각해서는 안 된다. 물론 그들은 신법이나 자연법을 거슬러, 군주는 정당한 사유가 없더라도 타인에게 피해를 주면서 자신의 이익을 추구할 수 있다고 주장했던 자들이므로, 이 같은 견해는 놀랄 만한 일도 아니다. 고등법원은 군주가 처벌을 받는 자에게 호의를 베풀 수는 있지만, 그 자가 민법상의 이익을 얻도록 결정할 수는 없다고 판결했다. 나아가 법원은 형벌을 결정하면서 국왕의 이익보다는 개인의 이익을 우선시했다.

1351년 7월 15일에 내려진 판결은 국왕이 민법을 위반할 수는 있지만 이는 개인의 권리를 침해하지 않는 조건하에서만 가능하다고 명시하고 있다. 이러한 사례는 우리가 절대적 권력에 관하여 내세운 결론을 확인시켜준다. 실제로 필리프

드 발루아Philippe de Valois는 1347년과 1350년 두 차례에 걸쳐 작성한 유서——이 문서는 왕립 고문서 보관소의 국왕 유서 보관함 289번에 소장되어 있다——에서 관습과 민법에 관한 예외 규정을 첨가하면서 관습과 민법에 대한 국왕의 자율성을 강조했다. 그리고 이 왕은 1330년 11월 21일의 왕비에 대한 증여 문서(서류 66, D. 327)에서도 그러한 자율성을 보여주었다. 아우구스투스 황제도 이와 유사하게, 황후 리비아에게 보코니아 법이 허용한 것 이상을 증여하기 위해 원로원에 특별 면제를 요청했다. 그는 이미 오래전에 민법으로부터 자유롭다는 것을 인정받았고 따라서 이러한 절차가 굳이 필요하지 않았지만 그는 황후에 대한 증여를 보다 확실히 하고 싶었던 것이다. 물론 아우구스투스는 이미 언급한 대로 주권 군주가 아니었다. 많은 사람들의 반대에도 불구하고 국왕이 기엔 백작령을 되팔고자 했을 때 고등법원이 분명 국왕은 '동일 가계의 회수retrait lignager'[31] 관습에 얽매이지 않는다고 결정했던 것에서 알 수 있듯이, 왕은 민법으로부터 자유로웠다. 그래서 지난 문서가 보여주듯이 미남왕 필리프는 파리와 몽펠리에에 고등법원을 세우면서 이 법원들이 로마법을 따르지 않을 것임을 선언했던 것이다. 대학을 설립할 때에도 왕들은 언제나 대학이 민법과 교회법을 자기 나름대로 사용하되 결코 거기에 종속되지 않을 것임을 선언했다.

고트족의 왕 알라리크도 자신이 제정한 법령에 대해 로마

법을 근거로 반대하는 것을 사형으로 금지했다. 물랭Charles du Moulin[32]은 이러한 행동에 대해 야만적이라고 비난했지만 이는 잘못된 판단이다. 사실 알라리크는 모든 주권 군주가 당연히 할 수 있고 해야만 하는 일을 했을 뿐이다. 이와 유사한 또 다른 예로 미남왕 샤를을 들 수 있다. 그는 로마법을 근거로 관습에 반대하는 것을 금지했다. 이 오래된 결정의 내용은 현재 고등법원의 문서고에 보관되어 있다. 이에 따르면 변호사들은 "관습에 반하는 성문법을 함부로 사용할 수 없다"라는 금지 규정을 지켜야 했다. 올드라드가 남긴 기록에 의하면 에스파냐의 왕들도 비록 그래서는 안 된다는 관습이나 법이 없었음에도 불구하고 로마법에서 논거를 이끌어내는 것을 사형으로 금지하는 칙령을 반포했다. 이러한 금지 조치는 재판관들이 로마법에 따라 판결하도록 강제될 수 없고 또 강요되어서도 안 된다는 결과를 낳았다. 재판관들이 로마법을 마음대로 사용하도록 내버려둔 군주라 할지라도 그가 로마법에 구속되지는 않는다. 군주가 제정한 법령에 로마법을 대립시키는 것은 반역죄에 해당한다. 《정치가들 Polycraticus》[33]에 설명되어 있듯이 로마법 전문가들이 즐비한 에스파냐에서 국왕 에스테반은 아예 로마 법전을 금서로 지정했고, 알폰소 10세도 다른 칙령을 통해 법관들은 관련 칙령이나 관습이 없을 경우에는 로마법이 아니라 국왕에게 자문을 구할 것을 명령했다. 프랑스인들은 로마법을 단지 논거로 이용하지만 이탈리아인들은 로마법을 실제로 지키고 있다고 지적한 발두스Baldus de Ubaldis[34]는 분명한 오류를 범하고 있다. 이탈리아와 에스파냐 그리고 프로방스, 사부아, 랑그도크, 리옹 지방이 다른 곳에 비해 로마법을 더 많이 이용하고 있다 하더라도 그들 역시 로마법을 완전히 지키는 것은 아니다. 황제 프리드리히 1세Fridrich I[붉은수염왕]는 로마 법전의 출판을 명령했지만 그러한 명령은 이탈리아에서 거의 수행되지 않았고 독일에서는 더더욱 그러했다.

사실 권리droit와 법loi은 같은 것이 아님을 분명히 할 필요가 있다. 권리에서는 공평성이 강조되지만, 법은 명령을 수반한다. 법이란 주권자가 권력에 의해 내린 명령과 다름없기 때문이다. 그리하여 주권 군주는 그리스인들이 만든 법이건 어느 다른 외국에서 제정된 법이건 로마의 법이건 그 어떤 것에도 구속받을 수 없는 것이다. 핀다로스Pindaros[35]가 말한 그대로 그 어떤 법에도 구속받을 수 없다는 것이야말로 모든 왕과 군주들이 지켜야 할 법이다. 교황이나 황제도 결코 예외일 수 없다. 아첨꾼들은 교황과 황제는 [정당한] 이유 없이도 신하들의 재산을 빼앗을 수 있다고 지저귀지만, 여러 박사와 교회법 학자들은 이 견해를 신법을 거스르는 것으로 간주하며 혐오스럽게 여긴다. 교황과 황제가 절대 권력으로 그러한 일을 할 수 있다고 주장하는 것은 명백한 잘못이다. 차라리 '힘과 무기로'라고 말하는 편이 더 솔직할 것이다. 그것은 가장 극단적인 권리이자 도적들이나 주장하는 권리다. 앞서 언급했듯이 절대 권력은 민법을 위배할 수는 있지만 신법에 도전할 수는 없다. 하느님이 자신의 법으로 분명하게 선언하신 바, 타인의 재산을 취하는 것, 아니 그것을 탐하는 것조차 하느님은 허용하지 않으셨다. 그러므로 이러한 견해를 주장하는 자는 그 견해를 실천하는 자보다 더 위험한 존재다. 그들은 사자에게 발톱을 보여주면서 정의의 미명으로 군주를 무장시키기 때문이다. 이러한 견해에 물든 사악한 폭군은 절대 권력을 휘두르며 일생 동안 난폭한 열정을 재촉하게 된다. 그의 탐욕은 징발이 되고, 간음과 범죄적인 분노를 낳는다. 자연 현상과 반대로 천둥이 번개에 앞서려 하는 것처럼, 유해한 견해에 물들어버린 포악한 군주는 고소가 일어나기도 전에 벌금을 부과하고 증거가 나오기도 전에 유죄 판결을 내려버린다. 군주의 권력은 언제나 정의의 발아래에서 헤아려져야 하거늘, 군주가 정직하지 않은 일을 할 수 있다고 말하다니 이 얼마나 엉뚱한 법적 궤변인가! 소小 플리니우스는 트라야누스 황제에 대해 "가장 고귀한 행복은 원하는 것을 할 수 있는 것이요, 가장 큰 위대함은 할 수 있는 것을 원하는 것이다"라고 말했다. 이 말은 군주는 정의롭지 않은 것은 그 어떠한 것도 해서는 안 된다는 것을 의미한다. 그래서 주권 군주가 타인의 재산을 훔칠 수도 있고 잘못을 저지를 수도 있다는 주장은 정녕 그릇된 것이다. 그것은 오히려 무능함과 나약함과 비겁함의 소치다. 신의 이미지여야 하는 주권 군주는 신이 정한 자연법의 한계를 넘어설 수 없고, 정당하고 합당한 이유 없이는, 즉 매입, 교환, 합법적인 징발의 형태가 아니고는, 또한 국가 안위상 개인의 재산을 취하지 않고는 적과의 평화 협상이 도저히 불가능하다고 간주되는 경우가 아니고는, 타인의 재산을 함부로 취할 수 없다. 많은 사람들이 이 문제에 대해 다른 견해를 갖고 있다 하더라도, 자연의 이성은 공적인 것이 언제나 개별적인 것에 우선함을 가르친다. 그리고 정상적인 상황에서는 공적인 것과 사적인 것이 구별되어야 하지만, 국가의 안위가 달린 문제에 직면했을 때는 백성은 불이익과 징벌을 받아들이기도 해야 하며 심지어 자기 재산을 포기하기도 해야 하는 것이다.

샤롤레Charolais 백작36에게 포로로 잡힌 루이 11세의 석방 문제를 해결하기 위해 체결된 페론 조약에서 나타나듯이, 토르시의 영주는 사뵈즈의 영주에게 맞서 자신의 결정을 강요할 수 없었다. 아테네에서 30명의 참주를 몰아내고 난 후 개개인이 그간에 입은 모든 손실과 피해에 대해 더 이상 기억하지 말자고 주장했던 트라시불로스Thrasybulos37가 칭송받는 것도 이 때문이다. 이는 또한 로마에서 카이사르 일파와 역모자들 사이에 체결된 조약에서도 나타난다. 물론 누군가가 이득을 보고 누군가가 피해를 입었다면, 피해를 보상하기 위해 모든 수단을 강구하는 것이 당연하다. 그리고 사정이 여의치 않다면 모아둔 돈을 사용하거나 돈을 빌려서라도 해결해야 할 것이다. 예를 들어 아라토스Aratos[38]는 재산을 잃고 쫓겨난 사람들에게, 비록 그 재산이 오래전에 소유했던 것이고 시효가 지난 것임에도 불구하고, 6만 에퀴를 빌려가면서까지 보상해주었다. 그러나 (정당한) 사유가 사라지면 군주는 영주의 동의 없이 타인의 재산을 취할 수 없으며, 그것을 다른 사람에게 줄 수도 없다. 모든 증여, 사면, 특권과 관련된 군주의 증서에는 설사 명기되지 않더라도 언제나 '타인의 권리를 침해하지 않는 한'이라는 표현이 포함되어 있다. 막시밀리안 황제와 루이 12세가 조인한 밀라노 공작령의 서임 문서에 실린 이 구절은 새로운 전쟁의 불씨가 되었다. 황제가 줄 수도 없고 주고 싶어 하지도 않은 공작령에 대해 스포르차Ludovico Sforza가 자신의 권리를 주장했기 때문이다. '모든 것의 영주'라는 표현이 의미하는 바는 정상적인 영주권 및 영주 법정과 관련 있으며, 개인의 재산과 소유물은 개인의 것으로 남는다. 세네카가 지적한 대로 "모든 것에 대한 권한은 왕에게 귀속되나 소유권은 개개인의 것이며", "왕은 모든 것을 통수권으로써 소유하지만 개개인은 주인의 권리로써 소유한다". 이러한 이유로 우리의 국왕은 영주의 권리를 침해하지 않도록, 법원의 명령과 결정을 통해서 명백하게 왕위에 결부되어 귀속된 것이 아니라면 외지인 재산몰수권droit d'aubaine이나 다른 압류권에 의한 재산에 손대지 않는다. 자신의 신하에게 빚을 지고 있는 국왕은 비난받아 마땅하다. 이는 프랑스의 국왕들이 얼마나 진지하고 성실하게 정의를 실천해왔는가를 우리의 후손과 다른 나라 사람들에게 일깨워주도록 하기 위함이다. 1419년에 고등법원은 국왕이 자신이 입은 손실을 만회하기 위해 요구한 반환 증서를 거부했다. 1266년에 내려진 또 다른 명령은 국왕에게 그의 정원 수확물에 대해 교구 사제에게 십일조를 바칠 것을 요구했다. 법원은 개인에게는 이렇게 엄격하게 취급하지 않는다. 개인적인 이득과 관련된 문제에서 주권 군주는 언제나 성인으로 간주될 뿐, 미성년자의 자격을 부여받지 않는다. 그러나 국가는 언제나 미성년자로 간주된다. 국가는 결코 반환될 수 없다고 주장하는 사람들은 군주의 유산과 공공 재산을 혼동하고 있는 것이다. 이 양자는 민주정이나 귀족정에서는 같은 것이지만 왕정하에서는 언제나 분리된다. 그리하여 우리는 개인보다 국가를, 국왕 자신보다 개인을 우선하는, 왕의 공정함과 고등법원의 공평성을 보게 된다. 샤를 7세에게 맞서 고등법원은 국왕이 소유한 파리 인근의 숲에 대한 공적인 또는 개인적인 용도의 벌목을 허용했고 그 숲의 가격을 결정했다. 이러한 일은 개인에게는 결코 일어날 수 없다. 진정한 군주와 폭군을 구별하는 것은 그리 어려운 일이 아니다. 이성과 공정함을 존중하며, 법관의 판결 앞에서 가장 미천한 백성보다도 더 순종적인 태도를 보여주는 국왕은 얼마나 위대한 군주인가. 그는 무적의 왕이리라. 비슷한 시기의 밀라노 공작 필리포 마리아Philippo Maria Visconti와 비교해보라. 그는 허가장 없이는 하천을 이용하지도, 건너지도 못하게 결정해 버리고는 그 허가장을 비싼 값에 팔아버리지 않았던가.

지금까지 우리는 군주가 신하들과 체결한 협정과 법을 어떠한 방식으로 지켜야 하는가에 대해 알아보았다. 이제 군주가 선왕이 체결한 계약을 지켜야 하는가, 그 계약에 대한 의무는 주권과 양립 가능한가를 알아보는 일이 남았다. 여기에서 제기될 수 있는 많은 문제에 대해 먼저 다음과 같이 대답할 수 있을 것이다. 세습적 왕국의 군주는 법과 규범에 따라서 개인 상속자의 경우와 마찬가지로 선왕의 계약을 지켜야 한다. 그것은 유언에 의해 친인척이 아닌 제3자에게 왕국이 상속되는 경우에도 마찬가지다. 키레네의 왕 프톨레마이오스, 비티니아의 왕 니코메데스, 아시아의 왕 아탈루스, 페르가몬의 왕 에우메네스는 로마의 시민을 왕국의 후계자로 삼았다. 헨리 8세의 유언에 따라 에드워드 6세, 메리 여왕, 엘리자베스 여왕의 순서로 왕위가 계승된 영국처럼 왕국이 유언에 따라 가장 가까운 친인척에게 물려졌을 경우에도 다르지 않다.

이 경우 계승자가 상속자의 자격으로 국가를 받아들이는 것인지 아니면 유언 이행자로서의 계승을 포기하고 그 나라의 법과 관습에 따라 왕위를 요구하는 것인지를 구분할 필요가 있다. 첫 번째 경우에 후계자는 개인 상속자와 마찬가지로 선왕의 약속을 지켜야 한다. 그러나 두 번째 경우에는 비록 후계자가 약속 이행을 맹세했을지라도 선왕의 약속을 지킬 의무는 없다. 선왕의 맹세는 후계자를 구속하지 않으며 후계자는 왕국의 이익을 수호해야 하기 때문이다. 그러한 예로, 루이 12세는 샤를 8세가 〔합스부르크 왕조의 막시밀리안 1세에게서〕 빌렸던 대포의 반환 요구에 대해 자신은 샤를의 상속자가 아니라고 답변했다.

더욱 확실한 선례는 프랑수아 2세François II가 1559년 1월 19일에 신성 동맹의 제후들에게 쓴 편지에서 찾아볼 수 있다. "과인은 선왕의 상속자 자격에 의해서가 아니라 왕국의 탄생 이래 언제나 지켜져온 법과 관습에 따라서 왕위에 오른 것이므로, 드높이 명예로우신 부왕 폐하께서 지은 빚을 갚을 어떠한 의무도 지니지 않는다. 법과 관습에 따라 과인은 오로지 왕위의 실제적인 이익을 위해 선왕들께서 다른 군주 및 국가와 체결한 조약에 대해서만 준수 의무를 진다. 하지만 과인은 돌아가신 부왕의 양심의 빚을 덜기 위해서 공정한 채무를 해결하고자 한다. 그러할진대 여러분도 여러분의 법이 허용하는 한 여러분의 지방에서 통용되는 이자율 수준으로 채무를 낮추어줄 것을 바라는 바다." 스위스인들은 이 제안을 받아들여 16퍼센트의 이자를 5퍼센트로 낮추어주었다. 이러한 행위는 국왕은 선왕의 부채를 갚지 않아도 된다는 1256년의 결정에 부합하는 것이었다. 이와 관련해 프랑스 국왕 즉위식의 내용을 주목하고 이를 들먹이는 사람들이 있는데 그들은 그 내용을 잘못 이해하고 있는 것이다. (대관식에서) 랭스 대주교가 국왕의 머리에 왕관을 씌워주고 나면 12명의 백伯들이 나서서 손을 내밀며 다음과 같이 말한다. "이제 멈추십시오. 그리고 당신의 국가를 향유하십시오. 지금까지는 부계상속법에 의한 것이었지만, 이제부터는 당신이 왕국의 진정한 상속인이므로, 그리고 전지전능하신 신의 권위에 의해서 이 국가는 온전히 당신의 것입니다. 이제 전통에 따라 주교들과 다른 봉사자들이 당신에게 예식을 거행합니다."

흔히 이야기하듯이 국왕은 결코 죽지 않으므로, 선왕이 사망하자마자 그 가계의 가장 가까운 남자 후계자가 왕국과 하나가 되어, 즉위식을 거치기 이전에 이미 왕위에 오르게 된다. 이는 부계 상속에 의한 것이 아니라 왕국의 법에 따른 절차다. 주권 군주가 주권자로서 국가와 국가의 이익에 관련된 계약을 체결할 경우, 후계자는 이를 준수해야 한다. 그리고 그 계약이 신분 대표들과 도시, 주요 단체, 고등법원, 군주, 대제후의 동의에 의한 것이었다면, 군주는 신하들의 맹세와 의무에 따라, 비록 그것이 공적인 피해를 안겨줄지라도 더욱 더 그것을 지켜야만 한다. 그러나 만일 군주가 다른 나라 또는 백성들과 계약을 체결했다면, 더군다나 그 계약이 앞에 언급한 다양한 집단과 제후들의 동의 없이 체결된 공적인 문제에 관한 계약이라면, 그리고 그 계약이 인민을 심각하게 위협하는 것이라면, 국가의 후계자는 이를 지킬 의무를 지니지 않는다. 선출에 의해 왕위에 오른 경우라면 계약 이행의 의무는 더욱 없는 셈이다. 이 경우에 왕은 양도를 받은 것과 같아서 선왕으로부터 아무것도 취하지 않는다고는 말할 수 없다. 만일 선왕의 행위가 공공의 이익을 위한 것이라면 후계자는 그 어떤 자격을 지녔든 언제나 이를 지켜야 한다. 그렇지 않고 부정한 수단으로 또는 음흉한 방법으로 타인에게 피해를 입히면서 이익을 취하는 것이 허용된다면, 그 나라는 궁핍함으로 멸망할지도 모르며 누구도 자연의 이성과 공정함을 무시하면서 이 나라를 도와주려 하지 않을 것이다.

1256년과 1294년에 발간된 《파리 최고 재판소 판례집 *Olim*》에 실린 고등법원의 결정에 따르면 국왕은 선왕의 의무를 지킬 필요가 없다. 그리고 이 결정은 유사한 경우에 내려진 다른 많은 결정에서도 반복해서 선언되었다. 발두스는 선왕의 유언을 실행하지 않는 주권 군주에게서는 국가를 탈취하는 것이 마땅하다고 엄밀한 분석 없이 주장했지만 그의 이러한 견해는 부정되었다. 모든 군주가 인간의 권리를 지켜야 한다면 왜 군이 군주의 권리를 구분할 필요가 있느냐고 질문하는 사람이 있을지도 모르겠다. 모든 협약과 유언은 모두 보편적인 인간의 권리에 의존하고 있는데 말이다. 하지만 다시 한번 분명히 말하거니와 이러한 구분은 반드시 필요하다. 군주는 자신의 칙령만큼이나 인간의 권리에 대해서도 그 어떤 의무도 지니지 않기 때문이다. 만일 어떤 권리가 부당한 것으로 드러나면, 군주는 자신의 왕국에서 칙령을 통해 이를 위배할 수도 있고 백성들에게 그러한 권리를 금지할 수도 있다. 모든 인민에게 보편적으로 적용되는 것임에도 불구하고 우리 왕국의 노예들이 지닌 권리에 대해 국왕이 내린 결정이 보여주는 바와 같이, 국왕은 다른 비슷한 경우에도 그것이 신법을 거스르지 않는 한 언제든 이와 유사한 행동을 할 수 있다. 정의가 법의 목적이고 법 제정이 군주의 몫이라면, 군주는 신의 이미지다. 이러한 증언의 논리적 귀결은 군주의 법이 신법을 모델로 하여 만들어진다는 것이다.

장 보댕과 근대 주권론의 탄생

1. 법철학자이자 현실 정치가 보댕

장 보댕의 생애를 재구성하는 것은 쉽지 않은 일이다.[39] 보댕은 자신의 저작에서 스스로에 대해 말하는 것을 극히 삼가고 있으며, 또한 보댕 개인에 관련된 사료들도 풍부함과는 거리가 멀기 때문이다. 게다가 종교적 열정과 정치적 야심이 판치던 당대에서 최소한의 객관성을 견지하고 있는 기록을 발견하기란 쉽지 않다. 여전히 의문의 여지가 많이 남아 있기는 하지만, 보댕의 생애에 관해서 우리는 다음과 같은 기본적인 사실들을 제시할 수 있다.

보댕은 1529년(또는 1530년)에 앙제에서 기욤 보댕Guillaume Bodin과 카트린 뒤테르트르Catherine Dutertre 사이의 7남매(3남 4녀) 중 넷째로 태어났다. 1500년경에 출생한 부친 기욤은 상인이자 재단사였고, 당시로는 드물게 글을 읽고 쓸 줄 알았다고 한다. 모친에 대해서는 에스파냐의 종교 재판을 피해 프랑스로 이주한 유대인이었다고 알려져 있지만 확실하지는 않다. 다만 《국가론》이나 《7인의 회합Colloquium heptaplomeres》 같은 작품에서 볼 수 있는 유대 전통에 대한 보댕의 해박함은 모친에 대한 이 가설을 뒷받침하는 듯하다. 조부는 변호사였고, 삼촌인 롤랑 보댕Rolland Bodin은 법학을 공부했지만 보댕의 부친처럼 상인의 길을 걸었다. 보댕가의 또 다른 친척은 성직자로서 보댕의 대부였던 것으로 보인다. 이런 배경으로 보아 어린 보댕에게 신학, 법학, 역사, 성경에 대한 지식은 그렇게 낯선 것이 아니었을 것이다. 고등법원의 법관이자 인문주의자였던 보에시Etienne de la Boetie와 거의 동시대에 태어난 보댕은 이처럼 비교적 유복한 가정에서, 오제Henri Hauser의 표현을 빌리면 "법조계와 성직에 종사하면서 서서히 평범한 신분을 벗어나기 시작한 지방 부르주아지 가문 중의 하나"[40]에서 성장했다.

어린 시절에 보댕이 받은 교육은 어떤 것이었을까? 당사자는 이 부분에 대해서 정보를 거의 흘리지 않는다. 우리는 다만 역사가 드 투Jacques-Auguste de Thou를 통해, 보댕의 첫번째 교육이 앙제의 카르멜 수도원에서 이루어졌다는 사실만을 알고 있을 뿐이다. 삼촌의 권유로 이곳에 수련 수사로 들어간 그는 곧 앙제의 주교인 부브리Gabriel Bouvery의 관심을 사게 되었던 것으로 보인다. 하지만 성직자의 길에 대해 그다지 흥미를 느끼지 못한 보댕은 16세가 될 무렵 수도원을 떠나 파리로 갔다.

무엇이 이 시기에 젊은 보댕을 파리로 이끌었을까? 그는 종교 개혁의 여파 속에서 신앙의 위기를 겪었던 것일까? 그는 1547년에 이미 이단의 혐의를 받은 것으로 알려져 있다. 그러나 이러한 의혹은 당시의 종교 개혁 상황에 비추어볼 때 그다지 큰 의미를 갖지는 않는다. 1561년의 푸아시 회합 이전에는 적어도 가톨릭과 신교 사이의 갈등이 그렇게 심각하지도 않았고, 양 교파 간의 분열이 그렇게 명확하게 그려지지도 않았기 때문이다. 보댕의 종교는 오랜 논쟁거리이지만, 그의 파리행에 종교적인 이유가 크게 작용한 것 같지는 않다. 문제를 지나치게 복잡하게 생각하지 않아도 된다면, 오히려 당시에 파리라는 도시가 약관의 보댕에게 무엇을 의미했는가를 고려하는 편이 더 올바른 이해 방식일 것이다. 16세기의 파리는 생트주느비에브 언덕과 화려한 정원을 자랑하는 곳, 전 유럽의 지성을 끌어 모으는 프랑스 인문주의의 본거지이자 루터의 개혁 사상이 유포되고 있는 곳 그리고 프랑스 르네상스를 주도했던 프랑수아 1세의 도시이지 않았던가. 젊고 혈기왕성한 젊은이가 지방 도시의 소박함에서 벗어나 대도시 파리의 화려함에 이끌리는 것은 오히려 인지상정이 아닐까?

학문적으로 그는 신학보다는 법학에 더 큰 관심을 보였고 이는 아마도 가정 환경에서 비롯된 것으로 보인다. 그러나 당시 인문주의의 지적 풍토에서는 법학에 대한 관심이 당연한 현상이기도 했다. 뷔데Guillaume Bude,[41] 포스텔Guillaume Postel, 칼뱅Jean Calvin 등이 모두 법학자이지 않았던가. 특히 이 시기에 프랑스의 법학은 비약적인 발전을 이루고 있었고, 결국 보댕은 당시 이 분야에서 파리 대학과 경쟁하던 툴루즈 대학에 입학하기 위해 1548년에 파리를 떠나 툴루즈로 향했다. 그리고 곧 능력을 인정받아 같은 대학에서 법제학 강의를 맡게 되었다. 대학에서 보댕의 학문적 관심은 단지 로마법에만 국한되지 않았다. 그는 프랑스의 국왕 칙령, 칼뱅이 만든 제네바의 규율, 고등법원의 결정, 교회법과 관습법 등 법률 전반에 걸쳐 관심을 기울였고, 역사 안에서 가장 보편적인, 즉 이상적인 법 모델을 찾기 시작했다. 이 과정에서 보댕은 먼지에 뒤덮인 로마법 해제들 속에서가 아니라 실제 현장에서 진정한 법의 지혜가 찾아질 수 있음을 깨달았다. 툴루즈 대학의 생활은 훗날 보댕에게 지우고 싶은 기억으로 남았다. 그는 유언장에서 자신이 툴루즈 대학 시절에 써놓은 글들을 불태워버릴 것을 요청하기까지 했다. 툴루즈의 점점 뜨거워진 종교적 대립 상황도 한 이유였겠지만, 그가 오랫동안 바라던 직위를 얻지 못한 것이 가장 큰 이유였을 것이다. 10년간의 툴루즈 생활을 마감하고 파리로 돌아온 보댕은 1561년에 파리 고등법원의 변호사로서 법조계에 입문했다.

파리에서의 생활은 여러 면에서 툴루즈에서의 생활과는

달랐다. 종교 전쟁의 위기는 점점 더 심각해져갔다. 1559년에 앙리 2세의 뒤를 이은 프랑수아 2세는 바로 이듬해에 사망했고, 정치는 불안정했다. 군주정에 대한 충성은 정통 가톨릭에 대한 신앙과 혼동되기 시작했다. 1560년에 즉위한 샤를 9세는 겨우 열 살이었다. 이러한 상황은 음모와 야심이 난무하는 혼란상을 빚어내기에 충분했고, 종교적 폭력은 갈수록 격렬해졌다. 프랑스 왕국은 그야말로 풍전등화의 위기에 직면하게 되었다. 성 바르텔르미 축일의 대학살[42] 사건으로 목숨을 잃을 뻔했던 보댕은 정치적 균형과 도덕적 지혜를 찾는 일이 무엇보다 시급함을 깨달았다.

1571년부터 알랑송d'Alençon 공의 후원을 받기 시작한 보댕은 이 대학살의 비극을 가까스로 모면했던 것으로 보인다. 종교 전쟁과 보댕의 관계는 여기에서 끝나지 않았다. 그는 프랑스 남부 지방의 종교적 광신주의를 직접 경험하면서 신성 연맹Sainte Ligue의 온건파에 가담했다. 종교 전쟁에 대한 평화적 해결을 주장한 그는, 무력에 의해 문제를 해결하려는 극단론, 특히 기즈Guise 공을 위시한 가톨릭 원리주의자들을 반대했다. 보댕은 정치파Les Politiques[43]의 일원이 되었고, 왕위의 권력 회복을 일차적인 과제로 삼았다. 이러한 정치적 입장 때문에 그는 수차례 칼뱅주의자라는 비난을 받기도 했다. 그러나 우리는 왜 그가《국가론》에서 국왕 선출 이론, 특히 모나르코마크monarchomaque[44]에 대립되는 군주의 주권 이론을 발전시켰는지를 이해할 수 있다. 종교 내전의 혼란 속에서 보댕은 저작을 통해 종교적 관용을 위해 투쟁했고, 종교적 분파의 문제를 힘으로 해결하는 것은 국가를 위기에 빠뜨리는 것이라고 권고했다.

부유한 과부인 바야르 부인과 결혼한 보댕은 거의 비슷한 시기에 블루아의 삼부회에서 베르망두아의 제3신분 대표로 선출되었다. 그는 여기에서 앙리 3세의 증세 요구를 좌절시켰고, 특히 국가 종교로서 가톨릭을 강요하려는 국왕에게 맞서 종교의 관용을 옹호했다. 보댕 자신은 아마도 이러한 입장이 궁극적으로 국왕에게 이로운 것임을 확신했을 테지만, 삼부회에서 보여준 그의 모습은 앙리 3세가 그에게 약속했던 청원위원maitre des requetes의 자리를 물거품으로 만들기에 충분했다.

《국가론》(1576)이 집필된 것은 바로 이즈음이다.《법의 정신De l'esprit des lois》처럼《국가론》은 즉각적인 반응을 불러일으켰고, 책이 출판된 지 반세기 만에 보댕은 전 유럽에서 명성을 얻게 되었다. 역사와 정치신학과 철학의 주요 저서들이 제공하는 풍부하고 다양한 정보 속에서 보댕은 이론의 중심 테마를 이루는 본질적인 내용들을 찾아냈는데, 그것은 바로 주권 개념을 중심으로 한 것이었다. 주권이야말로 국가의 본질이자 국가를 존재하게 하는 힘이며, 법제적 형태를 만들고 구조적이고 기능적인 조직을 결정하는 핵심이다.《국가론》은 출판 이듬해부터 지속적으로 중판을 찍어내 1629년까지 최소한 14개의 판본이 만들어졌으며, 1586년에 라틴어로 번역된 것을 비롯하여 이탈리아어, 에스파냐어, 독일어로도 번역되었다. 17세기 말 프랑스의 프로테스탄트 사상가였던 벨Pierre Bayle은 보댕이 케임브리지 여행 중에 라틴어판 《국가론》이 공개적으로 읽히고 있는 것을 볼 수 있었다고 전한다.

물론 《국가론》이 보댕의 첫 저작은 아니다. 보댕의 지적 형성 과정은 당대의 인문주의자들, 즉 뷔데, 돌레Etienne Dolet,[45] 베즈Théodore de Bèze,[46] 몽테뉴Michel de Montaigne와 크게 다를 바 없었지만, 다만 보댕은 일찍이 역사에 각별한 관심을 보였다. 이 점에서 보댕은 자신이 비판한 마키아벨리와 유사하다. 보댕은 역사 속에서 법과 정치를 위한 중요한 자료를 찾았고, 1566년에 첫 저작 《쉬운 역사 인식 방법론Methodus ad facilem historiarum cogtnitionem》을 내놓았다. 2년 뒤에는 화폐 이론을 다룬 《말레스트루아 씨의 모순들Les paradoxes du seigneur de Malestroit sur le fait des monnaies》을 선보였다.[47] 이 두 지작은 파리에서 보댕의 명성을 높이는 데 기여했을 뿐만 아니라 그의 사상의 종합이자 법제학과 정치학 연구서인 《국가론》의 학문적 밑거름이 되었다.

또한 보댕은 《국가론》 이후 1578년에 《보편법 요람Expose du droit universel》을 발표했고, 1580년에는 마법의 행태들과 이를 검거하고 처벌하는 수단을 집약한 교범《마법사의 빙의 망상*La demonomanie des sorciers*》을 출판했다. 물론 마법과 마녀의 문제에서 그는 법제적인 문제, 특히 형법과 관련된 문제를 발견했을 것이다. 그러나 마법학에 관한 관심은 아마도 형법 이론과 관련된 순수한 지적 호기심에서 비롯된 것이 아니라 당대의 시대 상황에서 비롯되었을 것이다. 16세기에 마법은 농촌에서건 도시에서건 일반적인 것이었다. 예를 들어 역사가인 드 투는 점성술을 신봉했고, 법률가인 오트망François Hotman[48]은 열정적으로 '철학자의 돌'을 찾고 있었다. 카트린 드 메디시스Catherine de Médicis가 콜리니와 콩데에게 '청동 주술'을 걸었다는 소문은 여전히 인구에 회자되었다. 결국 주권이라는 '근대적' 개념의 확립자인 보댕이 악마론 연구에 족적을 남겼다고 해서 이상할 것은 없다. 1570년 이후 마녀 재판은 계속 증가 일로에 있었고, 더군다나 마법사와 마녀들이 야기하는 문제는 보댕에게 무엇보다 법정의 문제, 즉 직업적인 문제이기도 했다. 종교적 동기와 정치적 동기가 뒤섞이고 구전 전통과 농촌의 오랜 관습이 혼재한 가운데, 불가해하고 도발적인 것을 좋아하는 사람들의 호기심이 보댕의 직업적 배경을 장식하고 있었던 것이다. 인문주의자 보댕은 분명 악령 들림, 마법의 범죄, 사탄과의 계약, 신에 대한 모독을 보았다. 그에게 마녀는 악마와 손을 잡은 반사회적 존재이자, 무엇보다도 국가를 혼란에 빠뜨리는 무질서의 원인이었다. 그것은 반종교이자 자연법에 대한 극단적 모독이었다. 그리하여 이 범죄에 대한 처벌은 일벌백계의 의미를 지녀야 했다. "한 명의 마법사는 천 명의 범죄자보다 더 큰 범죄다."《마법사의 빙의 망상》은 1580년부터 상당한 반향을 불러일으켰고, 1598년까지 라틴어와 프랑스어로 스물세 번 중판되었다. 클레멘스 8세는 1594년에 이 저작을 비난하고 2년 뒤에는 금서로 지정했지만《마법사의 빙의 망상》이 전 유럽으로 퍼져나가는 것을 막지는 못했다.

보댕은 1581년에 알랑송 공의 고문 자격으로 영국으로 건너갔다. 그러나 이듬해에 알랑송 공이 사망하자, 가족이 있던 라옹에 정착한다. 보댕이 인간 행동의 형이상학적이며 도덕적인 의미에 대해 고민하고 있는 동안에도 세상은 여전히 어지럽게 움직이고 있었다. 점점 더 격렬해져만 가는 종교전쟁은 프랑스의 통일성, 나아가 왕정의 근본 자체를 심각하게 위협하고 있었다. 앙리 3세의 암살 이후 신성 연맹의 광기는 더욱 격렬해졌고, 라옹은 이들의 지배하에 있었다. 보댕은 신중하게 이들에게 협조할 수밖에 없었다. 앙리 드 나바르Henri de Navarre가 가톨릭으로 개종한 1594년에 가서야 그는 합법적인 국왕에 대한 자신의 지지를 공식적으로 표현할 수 있었다.

정치의 무대에서 멀어지고 이미 노년에 접어든 이 시기에도 보댕의 지적 활동은 계속되었다. 그리하여 1596년에 페스트로 사망할 때까지 그는 두 권의 저작을 내놓았다. 1593년에 출간한 '심오한 것들의 비밀'을 밝히기 위한《자연의 무대Universae Naturae Theatrum》와 1596년에 출간한 플라톤적 자연주의의 영향을 보여주는《7인의 회합》이 그것이다. 합리주의자인 토랄바, 탈무드 편집자인 살로몬, 계몽가 세나무스, 이슬람교도가 된 가톨릭교도 옥타브, 츠빙글리파인 쿠르티우스, 루터파의 프레데리크, 가톨릭교도 코로네우스, 이렇게 일곱 명의 대변인이 등장하는《자연의 무대》는 우주의 신비에 대한 보댕의 관심을 보여준다. 키케로의 지혜와 고대 자연주의를 예찬하면서 자연이 감추고 있는 신성한 의미 속에서 그는 조화를 예찬한다. 똑같은 인물들이 등장하는《7인의 회합》에서는 각기 다른 입장을 지닌 이 일곱 인물이 이미 반세기 전부터 프랑스를 분열시켜온 적대적인 당파들을 대변한다. 이 방대한 저작은 보댕의 종합적인 정신을 다시 한번 보여주면서, "16세기의 기념비적 비판 정신"[49]을 웅변해준다. 정통적인 기독교에 대한 보댕의 비판은 자연 종교의 냄새를 풍기며, 종교적 관용을 옹호한다.

사상가 보댕의 얼굴은 대단히 다양하고 독창적이다. 그는 귀금속 유입이 가격 인플레이션의 원인이라고 주장한 경제학자이자, 철저한 마녀 사냥을 주장한 마법학 전문가이며, 《7인의 회합》에서 공적 질서와 양립할 수 있는 종교적 화합을 주장한 종교 사상가이자,《쉬운 역사 인식 방법론》에서 정치적 교훈을 주는 역사학을 주장한 역사가다. 하지만 보댕을 대표하는 것은 무엇보다 현재까지도 영향력이 지속되고 있는《국가론》의 저자로서의 얼굴이다. 당대의 법 사상과 정치사상의 종합 대전이기도 한 1,000쪽이 넘는 이 두꺼운 책은 주권 개념을 중심으로 공적인 것res publica이라는 의미에서의 국가République를 탐구하면서 근대 국가의 이론적 기초를 마련했다.

정당한 통치에 관한 이 훌륭한 이론은 왕국의 기본법이나 오랜 관습에 대한 존중, 신법과 자연법에 대한 복종을 배제하지 않는다.《국가론》의 정치 이론에 영감을 불어넣은 인문주의는 사실 인간이 스스로 자연의 주인이어야 한다는 데카르트의 사상과는 아직 거리가 멀다. 보댕은 국가의 질서가 신의 의지가 지배하는 우주적 질서와 일치되어야 한다고 생각했다. 파스칼에게 공포를 심어준 우주의 광대함은 보댕을 망연자실로 이끌기보다는 그에게 조화와 균형을 일깨워주었다. 보댕은 국가가 모든 것의 균형 위에 제대로 수립되지 않는다면 무너지고 말 것이라고 경고하며,《국가론》의 마지막 구절에서도 "현명한 국왕은 자신의 왕국을 조화롭게 통치해야만 한다"(제6서 6장)라고 썼다.

'정치적 조화'란 보댕의 저작에서 결코 단순한 수사적 표현이 아니다. 이 개념은 플라톤주의에 영향 받은 철학을 내포하고 있다. 르네상스기에 새로이 부상한 플라톤은 고대 자연주의를 깊이 있게 함유하고 있었다. 16세기에 플라톤은 고대가 만들어낸 순수한 아름다움의 상징이었다. 보댕에 대한 플라톤의 영향은 방법론이나 문구가 아니라 정신적 태도에서 드러난다. 말하자면 보댕은 플라톤에게서 일종의 자연주의적 믿음을 받아들인 것이다. 배를 인도하는 선장이 새벽별에 시선을 고정하듯이 국가의 법을 세우려는 주권자에게는 자연의 놀라운 조화가 유일한 기준이어야 했다.[50] 또한 보댕은 아리스토텔레스를 보면서 중세의 철학이 스콜라 신학의 무게에 짓눌려 있음을 깨닫고 이를 강하게 비판했다. 물론 보댕은 사물과 사건들에서 꿈과 신화를 제거하고 그 내재적 의미를 깨닫고자 하는 새로운 아리스토텔레스가 되고자 했다.

아리스토텔레스의 《정치학》이 그렇듯 보댕은 정부가 자연의 이치를 거스를 정당한 이유가 있을 수 있다는 것을 의심했다. 자연의 이치를 거스르는 모든 것, 예를 들어 폭정과 같은 것은 나쁜 것이다. 물론 보댕의 자연주의는 '자연 상태'에 대한 예찬과는 다르며, 아리스토텔레스의 원초주의와도 다르다. 그렇다고 자연권 또는 자연법 사상을 찾으려는 것은 더더욱 아니다. 보댕의 법정치적 자연주의는 16세기판 소피스트에 불과한 마키아벨리와 모나르코마크에게 맞서고 있다. 그들의 인공적인 가정들은 이 세계의 위대한 조화와 통일성에 잘못된 음율을 제공할 뿐이다.

때로는 아리스토텔레스주의자이고 때로는 플라톤주의자

였던 종합적 사상가 보댕은 어떠한 형이상학적 회의도 갖지 않았다. 그는 확신에 차 있었다. 전지전능하고 선한 신은 자연을 모델로 국가를 만들었다. 법률가는 자연 종교를 지향할 수밖에 없으며, 이러한 그의 자연 종교는 종교적 관용을 보장해줄 것이었다.

철학적 견지에서 그는 자신이 플라톤을 반대한다고 주장한다. 모어에 대해서도 같은 이유로 반대한다고 말한다. 그들은 현실성 없는 사변적 이론으로 가득한, 국가의 그럴듯한 이미지만을 그려냈을 뿐이다. 그들의 정치적 이상주의는 공허한 것이었다. 정치는 구체적인 행위에 원리를 제공하는 효과적인 지식을 요구한다. 그러므로 진정한 정치학은 지식 그 이상이어야 한다. 그것은 실천과 기술을 동반하며, 현실에서 발휘되어야 한다. 아리스토텔레스보다 데모스테네스가 우월한 이유가 여기에 있다. 한편 보댕은 마키아벨리가 걸었던 길을 의도적으로 멀리했다. 그것은 피렌체의 서기관이 사자의 힘과 여우의 간계를 가진 군주가 누리게 될 이익을 냉소적이리만큼 부각시켰기 때문은 아니었다. 그보다는 마키아벨리가 폭군의 간계와는 관계없는 정치학에 대해서는 전혀 탐지하지 않았기 때문이었다. 보댕이 보기에 마키아벨리의 생각은 한마디로 너무 짧았다.

정치적인 견지에서 보댕은 법과 역사로부터 이론적이면서 동시에 실천적인 가르침을 얻고자 했다. 툴루즈 대학과 파리 고등법원에서의 경험을 통해, 강단의 논쟁을 통해 그는 긍정적인 해결책을 내놓는 것이 얼마나 어려운지를 깨달았다. 결국 중요한 것은 이론에 생명을 불어넣어 사상의 진실성을 증명할 수 있는 행동과 실천이었다.

프랑스 국왕을 위해 봉사하는 정치가로서 보댕은 왕국의 불행이 무엇보다도 부적절하고 낡아빠진 제도에 있다는 것을 이해하게 되었다. 16세기의 프랑스는 낡아빠진 법 체제를 개혁하지 않고는 불행에서 벗어나기를 바랄 수 없었다. 역사의 진행과 변화의 가속화를 감지한 보댕에게 교황령과 신성로마 제국의 통치 체제, 또 봉건제는 더 이상 프랑스 왕국에 적합한 구조가 아니었다. 좀 더 일반적으로 말해서 과거의 법제적 틀은 이제 새로이 태동하고 있는 젊은 국가들에 더 이상 효과적이지도, 적합하지도 않았다. 새로운 국가를 위한 법적 모델로서 그리스의 폴리스나 로마의 공화정, 또는 고대 도시국가의 정치 형태들을 제시하는 것은 황당무계한 헛소리일 뿐이었다. 근대의 여명이 밝아옴을 느낀 보댕은 결국 새롭게 개선된 제도적 구조를 고안해내고자 했다. 그리하여 국가에 존엄한 권위, 즉 주권을 부여함으로써 국가의 정치적 자율성을 보장하고자 했다.《국가론》은 국가를 존재하게 하는 주권이 국가의 법제 조직을 명령한다는 내용을 골자로 하는 것이었다. '절대적이며 영구적인' 권력이라는 그의 정의는 공권력의 이론화를 이끌었고 근대 국가를 향한 길을 열어놓았다.

보댕의 저작은 루아조[51]에서 홉스와 루소에 이르기까지 여러 사람에게 영향을 미쳐, 주권의 법제적 개념을 둘러싼 정치학의 윤곽을 그려내는 데 기여했다. 그가 제시한 주권 개념은 국가를 둘러싸고 있던 오랜 신비의 장막을 걷어냈고, 동시에 힘에 대한 법의 승리와 봉건 영주들의 권력 분할에 대한 통일적이고 중앙집권적인 국가의 승리를 표현해냈다.

그러나 그의 국가론은 극도로 단순화되거나 또는 보댕 자신이 끝까지 입장 표명을 유보해 마지않던 절대주의의 교본으로 해석되는 경향이 있다. 이러한 편향적인 해석들 때문에 보댕은 자주 비난의 대상이 되었고, 또 그의 주권 개념은 실증주의적 이론으로부터 격렬한 비판을 받았다. 이러한 비판에 대해서는 비판자들이 주권과 주권자를 혼동하고 있다는 것을 지적하는 것으로 일단 만족하자. 보댕의 주권 이론에 대한 해석은 좀 더 정제될 필요가 있다. 보댕이 주권을 개념화한 것은 중세 작가들이 신학의 수렁에 빠뜨린 국가의 개념을 건져내어 흙을 털어내는 일이나 마찬가지였다. 신법과 자연법을 정치 철학의 중심에 놓는 것은 《국가론》의 저자에게 물론 여전히 중요한 일이었지만, 그럼에도 국가 권력의 개념이 지닌 법제적 명쾌함을 강조할 필요가 있었다. 보댕은 세속적인 정치적 권위를 중앙집권적이고 통일적인 입법권으로 변환시켰고, 그것을 우주의 질서에 따른 정치 질서 안에

놓았다.

보댕의 정치 철학은 독창적인 두 가지 면을 가지고 있었으며, 이는 보댕의 지적 환경에 기인한 것이었다. 먼저 법철학자이자 현실 정치가였던 보댕은 이론과 실천을 분리하려고 하지 않았다. 정치적 혼란 속에서 프랑스의 재건을 위한 길을 모색하던 그는 강력한 권력의 실천 가능한 이론적 메커니즘을 고안했다. 이러한 견지에서 보면 그의《국가론》은 순수한 사색을 위한 책은 아니다.《국가론》은 사변적인 신플라톤주의의 영향에서 벗어나 있지 않고, 또 주권을 정치의 본질로서 분석하면서 최고의 정부 형태에 관한 이론적 논의를 일삼고 있지만, 그럼에도 언제나 보댕 자신의 경험이 그 가치를 입증한 법제적 사례들과 역사적 사례들에 끊임없이 의존한다. 보댕은《국가론》이 정립한 제도적 틀이 현실성과 실용성을 갖춘 것이기를, 그래서《국가론》이 교조적 합리주의가 아니라 경험적 현실주의에 입각한 정치적 지혜의 작품이기를 바랐다. 그래서 보댕은《쉬운 역사 인식 방법론》이 이미 비판한 바 있는 유토피아적 사유들을 멀리하고, 동시에 효용성만을 고집하는 실용주의도 배격했다. 역사와 법 그리고 아리스토텔레스의 철학은 그에게 정치적 신중함의 가치를 가르쳐주었고, 그래서 그는 과학과 정치술을 결합시켰다. 이론은 실천과 분리될 수 없으며, 실천의 순간이 지속되기 위해서 실천은 올바른 이론에 근거해야 했다.

보댕이 독창적이라고 평가받는 또 다른 점은, 두 시대가 교차하는, 다시 말해 정치와 세계에 관한 두 가지 개념과 두 가지 사상이 교차하는 시기를 산 인물로서 그가 이 양자 곧 전통과 진보를 아우르고 있었다는 것이다. 보댕의 정치사상은 《쉬운 역사 인식 방법론》에 나타난 것과 같은 역사적 교훈으로 가득하며, 로마법과 중세 교회법의 인용으로 넘쳐난다. 동시에 그의 정치사상은 이상보다는 현실성에서 본질을 찾는 만큼 중세적 형이상학과는 거리를 두고 있다. 달리 말해서 정치권력에 대한 근대적 사유가 이미 주권에 대한 보댕의 개념에 내포돼 있다면, 그가 구상한 국가의 법제적 구조는 과거의 유산이라고 할 수 없다. 그러나 그가 국가의 영속성을 보장해줄 수 있는 최적의 체제로서 제시하는 것 가운데에는 신법과 자연법이 지배하는 지극히 전통적인 초법제적 배경이 자리잡고 있다. 이 때문에 그가 보여준 주권에 관한 이론의 참신함에도 불구하고 "전통적인 자연법 이론가들은 보댕을 자신들의 후계자로 여길 것이다".[52] 이러한 맥락에서 보댕의 정치사상은 단절의 사상이면서 동시에 이행의 사상이었다. 그것은 전통을 진보와 개선을 위한 봉사자로 삼으면서 이상과 현실의 요구에 대해 응답하고자 하는 것이었다.

이러한 태도에 있어서 보댕은 미스터리를 남기지 않는다. 국왕 참사회의 일원이었던 뒤 포르Guy du Faur 주교에게 바친 서문에서 보댕은 분명하게 자신의 계획을 밝혔고, 자신이 밟고자 하는 단계들을 명확히 했다. 그는 전통에 따라 '왕국 또는 제국 그리고 모든 인민의 보존은 신과 선한 군주 그리고 현명한 통치자들에게 달려 있다'는 점을 인정한다. 나아가 통치자들이 그들의 권력을 지키고, 신성한 법을 준수하며, 백성들을 복종시키고, 모두에게 공공선이 성취되도록 그리고 백성 개개인의 이익이 성취될 수 있도록 말과 글로써 협조하고자 한다. 국내의 종교적 혼란이 왕의 권위를 뒤흔들고 있을 때에 이러한 의무는 무엇보다도 시급한 것이었다. 서문에서 그는 이렇게 주장한다. "국가가 순풍에 돛을 단 듯이 평화롭게 항해하고 있는 동안 사람들은 갖은 쾌락에 익숙해져버립니다. 그리고 상상 가능한 온갖 장난과 허식, 위선 속에 머무르며 오로지 안정되고 확실한 안식만을 즐기려고 합니다. 하지만 강한 비바람이 배를 위태롭게 할 때, 그래서 선장과 선원들이 잠시도 쉴 틈 없는 뱃일에 지쳐 기진맥진해할 때, 승객들은 돛을 내리거나 밧줄을 잡아당기거나 닻을 내리는 일을 도와야만 합니다. 힘없는 승객들까지도 경보를 울리거나, 그것도 못한다면 적어도 태풍을 잠재우고 바람을 부릴 수 있는 바로 그분께 기도하고 소원을 빌어야 할 것입니다. 왜냐하면 그들은 모두 같은 위험에 처해 있기 때문입니다."[53] 국가를 보존하기 위해서도 백성들은 각자 자신의 능력과 권한에 따라 공공선의 실현에 참여할 의무를 지닌다. 이러한 사명감에서 보댕은, '강력한 군사력을 지니고 훌륭한 법에 따라 번창하는 왕국을 보고자 하는 지속적인 바람과 열망을 지닌' 자들을 위해, 가족으로부터 시작해서 정치의 목적인 공공선과 정의의 구현 그리고 국가가 존재하기 위한 본질적 조건인 주권에 대해 순차적으로 분석하고 그 결과를 제시했다. 그는 어떠한 국가가 최고의 체제인가를 질문하면서, 가장 전통적인 정치적 테마들을 다가오고 있는 근대의 물결에 조화시키고자 했다.

2. 《국가론》의 탄생 배경 — 종교 전쟁과 국가의 승리

프랑스의 16세기는 르네상스의 시대이기도 했지만 동시에 정치적 분열로 얼룩진 시대이기도 했다. 역사가 부르크하르트Jacob Burckhardt가 지적한 프랑스와 이탈리아의 종교적 불경건과 비도덕성 그리고 개인주의는 분명 과장된 면이 없지 않지만, 프랑스의 정치적 상황은 분명 비극적이었다. 미란돌라Pico della Mirandola의 《인간 존엄성 예찬Oratio de hominis dignitate》(1486)과 롱사르Pierre de Ronsard의 〈인간 정신의 우수성De l'excellence de l'esprit de l'homme〉(1559)이 인간의 존엄을 강조하고 진리와 미와 자유에 대한 숭배 예식을 벌이던 바로 그 시기에 정치는 열병을 앓고 비극에 몸서리쳐야 했다. 이러한 16세기의 불일치와 양면성은 16세기의 인간들에게서도 똑같이 찾아볼 수 있다. 에라스무스Desiderius Erasmus, 라블레François Rabelais, 몽테뉴가 묘사했듯이 인간은 가능한 존재이면서 동시에 불가능한 존재, 그래서 역설적인 존재였다. 그렇다면 프랑스가 경험한 종교적 분열과 정치적 갈등도 놀라운 일만은 아닌 셈이다. 르네상스와 시기적으로 교차하는 종교 개혁은 그 성격상 인문주의적이기보다는 신정神政 정치적이었다. 인간의 아름다움과 삶이 노래되고 있던 바로 그 순간에도 죽음에 대한 끝 모를 공포와 죄의식은 여전히 인간의 영혼 가장 깊은 곳에서부터 장엄하게 울려 퍼지고 있었다. 종교적 통일을 시도한 트렌토 공의회가 야기한 결과는 결국 신앙의 공식적인 분열이었다. 교회와 정치를 둘러싼 논쟁은 전투로 발전했고, 당혹스럽고 절망적인 폭력이 도처에서 분출되었다. 정치는 허약했다. 왕정에 대한 저항이 조직되고 공개적으로 표출되었다. 신교도에 대한 참혹한 학살극이 벌어진 성 바르텔르미 축일은 잊기 어려운 날이었다. 거세어진 종교 전쟁의 열기는 오랜 봉건적 갈등과 정쟁에 다시 불을 지폈다. 대귀족 가문들이 서로 충돌했고 사람들은 곳곳에서 무기를 높이 치켜들었다.

보댕은 자신의 일 혹은 기질 때문에라도 이러한 사건과 사상들에 대해 문외한일 수 없었다. 1576년에 나온 《국가론》은 바로 이러한 보댕의 정치적 참여 문학이라고 할 수 있다. 그러나 이 책은 결코 정치적 열정을 불태우는 선전용 팸플

릿은 아니었다. 당시 대부분의 책들은 오트망의 《프랑코갈리아*Francogallia ou la Gaule Françoise*》(1573)나 뒤플레시 모르네 Philippe Duplessis-Mornay의 《반폭군론*Vindiciae contra tyrannos*》(1579)처럼 선언문 내지 논쟁서의 성격을 띠고 있었다. 이 팸플릿들은 특정한 사건 또는 프랑스사의 특정한 부분을 공격하는 것으로서 대개 왕권의 절대주의적 야심과 권력의 오용을 고발하려는 목적을 지니고 있었으며, 국왕에 대한 인민의 정치적 우위를 주장하는 경향을 보였다. 그런데 보댕은 이 저항 이데올로기를 거부했다. 그것이 '과학적' 가치를 결여하고 있다는 이유에서였다. 그는 전투적인 저술에 대해 비판적인 입장을 취하는 동시에, 마르세유의 주교 세이셀Claude de Seyssel이나 물랭 같은 사람들의 정치학 연구서에 대해서도 그 난해함과 비과학성을 들어 비판했다. 보댕에 의하면 그들의 저작은 왕정이 최고의 정부 형태라는 것을 입증하려 노력했지만, 원리와 동인을 분석하지 않은 채 뻔한 이야기만 반복하고 있다고 했다. 이론가 보댕은 이러한 저자들과 구별되기를 원했다. 그리고 1566년에 그의 역사적 안목이 마련한 캔버스 위에 자신의 정치 철학을 그리기 시작했다.

그렇다면 프랑스라는 함선이 마주한 '거센 폭풍우'가 무엇이었는지 알아보자. 앞서 언급했듯이 《국가론》이 출간된 것은 프랑스의 종교 내전이 절정에 달했던 때다. 구성원들의 조화로운 결합을 보장하는 국가의 구조가 어떠해야 하는가에 대한 고민의 결과인 이 책에서 그는 정치와 시민 사회의 조화를 위한 종교적 토대를 자신의 국가 이론에서 배제했다. 종교 전쟁의 참담한 비극을 경험한 그로서는 국가 구성원들 간의 불화와 반목이 가장 우려되었던 것이다. 이러한 점에서 우리는 프랑스의 종교 개혁과 그로 인한 내전의 성격을 되짚어볼 필요가 있다.

프랑스에서 종교 개혁 사상이 유포된 것은 16세기경이다. 무명의 아우구스티누스회 수도사 루터가 95개 항목의 반박문을 독일 비텐베르크 교회 정문에 내건 지 2년이 지난 후인 1521년에 파리의 소르본 대학은 루터의 주장을 정죄했고, 1523년에는 프랑스에서 첫 번째 루터파 '순교자'가 발생했다. 하지만 1534년까지 이 새로운 사상에 대한 국왕 프랑수아 1세의 태도는 명확하지 않았다.

최초의 공식적인 분쟁이 시작된 것은 아마도 1534년 10월 17일 밤일 것이다. 이날 밤 개혁파의 심각한 도발 행위가 있었다. 파리와 지방에 그리고 심지어 국왕의 침실 문 앞에도 프랑스어로 쓰인 가톨릭을 비판하는 벽보가 나붙었던 것이다. 그 벽보들은 "세상을 망하게 할 그리고 주 하느님을 욕보이는 로마 교회의 거만한 미사"를 비난하고 있었다. 프랑수아 1세는 이제 파리 민중이 요구하는 루터파의 탄압에 나섰고, 1535년 1월에 35명의 루터파를 화형에 처했다.

그러나 프랑스에서 일어난 종교 개혁의 흐름을 본격적으

로 발전시킨 인물은 칼뱅이었다. 벽보 사건이 터지자 파리를 떠난 그는 2년 뒤 바젤에서 《그리스도교 강요L'nstitution chrétienne》 라틴어판을 출간했고, 이어서 최종적으로 정착한 제네바에서 《교리 문답Les Cathéchismes》, 《성찬식론Traité de la Cène》 등을 저술하면서 유럽의 새로운 종교 운동 지도자로 부상했다. 그는 혁신적인 교회를 세우고자 했고, 가톨릭에 과격하게 대항하면서 은총설을 발전시켜 예정설로 나아갔으며, 성찬식을 단순히 예수 그리스도의 희생에 대해 기억하는 의식 정도로 해석했다. 칼뱅과 가톨릭 간의 가장 큰 차이는 교회 조직과 예배 방식에서 나타났다. 칼뱅은 성찬식도 영성체도 없이 오직 시편 낭송, 성서 강독, 설교만으로 구성된 새로운 예배 체계를 만들어냈다. 제대는 없어지고 모든 장식도 배제되었다.

1540년부터 1560년까지, 프랑수아 1세와 앙리 2세의 탄압에도 불구하고 칼뱅파는 증가했다. 주로 개인적 신앙을 중시하는 사람들, 매개자 없이 직접 성서를 읽고자 하는 사람들, 그리고 민중 문화로부터 거리를 두고자 하는 사람들로 충원되었다. 이들은 주로 관복 귀족들이나 부르주아였다. 또한 성직자와 자주 마찰을 빚던 남부 지방의 소귀족들 또한 이 흐름에 편승했다. 심지어 인문주의의 영향을 받았거나 자신의 구원에 대해 심각한 근심에 사로잡혀 있던 성직자들도 칼뱅의 개혁을 지지했다. 또한 민중 계층에서는 주로 장인들, 특히 견직공과 식자공들이 주로 개혁 운동에 참여했다. 마지막으로 베아른인들과 같은 영주를 따라서 개종한 사람들을 빼놓을 수 없다. 1567년에 베아른의 잔 달브레Jeanne d'Albret[54]가 칼뱅교로의 개종을 공식화하자 그녀의 신민들이 주군의 종교를 따르게 된 것이다. 이 때문에 프랑스 대귀족의 개종이 있을 경우, 많은 프랑스인들은 이러다가 프랑스 전체가 칼뱅교로 개종하게 되는 것이 아닌가 하는 걱정을 하게 되었다. 콜리니 제독 그리고 뒤이어 앙투안 드 부르봉Antoine de Bourbon[55]이 개종한 마당에 샤를 9세마저 개종한다면 어떠한 일이 벌어질 것인가?

앙리 2세의 즉위와 함께 1561년에 푸아시에서 마지막 종교 회의가 열렸다. 칼뱅이 불참한 가운데 신교인 베즈Théodore de Bèze는 성찬식의 문제에 대해 비타협적인 자세로 일관했다. 성찬식이야말로 프랑스 종교 개혁의 진정한 관건이었다. 그리고 6개월 후 수십 명의 프랑스 신교도들이 샹파뉴 지방의 바시에서 기즈 공의 군사들에게 학살당하는 사건이 벌어졌고 종교 전쟁이 개시되었다. 콜리니, 앙투안 드 부르봉, 앙리 드 나바르, 콩데와 같은 거물급 귀족의 지휘하에 신교도 세력은 기즈 가문이 이끄는 가톨릭 세력에 맞섰지만, 종교 전쟁 초반부터 수적 열세를 면하지 못했다. 그러나 이러한 약점은 지도부의 영향력과 기즈에 대한 섭정 왕후의 적대감으로 만회될 수 있었다.

1572년 신교파의 우두머리인 잔 달브레와 앙투안 드 부르봉 사이에서 태어난 앙리 드 나바르Henry de Navarre가 마르가리타 드 발루아Margarita de Valois와의 정략결혼을 받아들임으로써 일시적인 평화 분위기가 조성되었지만, 곧 이어진 성 바르텔르미 축일의 대학살로 다시 전쟁은 장기화되었다. 종교적·정치적 동기가 뒤섞이면서 왕국은 약화되었고 왕정의 운명도 불투명해졌다. 어떻게 평화를 찾을 것인가? 그야말로 국가의 위기였다. 앙리 2세 말기에 나타난 개혁 사상의 약진과 많은 귀족의 개종은 왕국의 통일성, 즉 하나의 국왕, 하나의 법, 하나의 신앙을 위협했다. 게다가 15세기 말부터 퍼져나간 종말론과 최후의 심판에 대한 집단적 공포는 세상을 더럽히는 불순물에 대한 대청소를 의미하는 대학살에 자양분을 공급하기에 충분했다.

샤를 9세의 뒤를 이어 1574년에 즉위한 앙리 3세는 정치적으로 무능했다. 정치적 혼란과 내란이 종결될 기미는 어디에서도 찾아보기 힘들었다. 가톨릭 세력과 신교도 진영은 한 세대에 걸쳐 치열하게 싸워야 했다. 기즈 공은 가톨릭 급진파의 우두머리가 되면서 프랑스 왕위에 대한 야심을 노골적으로 드러내기 시작했고, 에스파냐의 국왕 펠리페 2세와의 협약을 통해 외세를 개입시켰다. 이로써 내전은 급박한 상황으로 치달았다. 정치적으로 분명한 입장을 보이지 못하던 앙리 3세는 통치력을 상실했고, 급기야 불명예스러운 파리 탈

출을 감행했다. 국왕의 부재로 득을 본 것은 기즈였고 그의 인기는 최고조에 달하게 되었다. 앙리 3세가 느낀 위기감은 기즈와 그의 동생 로렌 추기경을 암살하는 정치적 실수로 이어졌다. 이는 국왕 자신의 종말을 부르는 결정적 사건이 되었다. 가톨릭 세력에게 완전히 버림받은 앙리 3세는 앙리 드 나바르에게 접근을 시도했고 가톨릭 세력을 진압하기 위한 전쟁에서 그와 상호 공조했지만, 이러한 앙리 3세를 기다리고 있던 것은 가톨릭을 배신한 국왕에 대한 복수를 꿈꾸던 도미니크회 수도사 클레망의 비수였다. 앙리 3세는 1589년 8월 1일에 클레망에게 살해되었다.

앙리 드 나바르는 왕위 계승자였고, 앙리 3세의 죽음으로 이론상 합법적인 프랑스 왕이 될 수 있었지만 옥좌는 아직 그의 것이 아니었다. 가톨릭 프랑스는 신교도 왕에게 복종을 표하지 않았고, 결국 그는 무력으로 영토를 장악할 수밖에 없었다. 그러나 오랜 내전에 대한 권태, 왕위 후보 문제를 둘러싼 가톨릭 세력의 내분, 국가의 안위를 종교보다 우선하는 정파의 등장 그리고 안정과 평화에 대한 일반적인 갈망을 등에 없고, 1593년 7월 25일 앙리 드 나바르, 즉 앙리 4세는 마침내 파리 북부의 생드니에서 그의 여섯 번째이자 마지막 개종을 단행했다.[56] 그것은 한 세대에 걸친 내전이 종결될 수 있는 마지막 가능성이었고, 왕은 1594년에 샤르트르에서 축성식을 갖고 파리에 입성했다. 그리고 오랜 내전의 상처를 정리하면서 1597년 9월에 에스파냐로부터 아미앵을 탈환하고, 1598년 5월 2일에 카토-캉브레지 조약을 재확인하는 베르뎅 조약을 에스파냐와 체결했다. 그러나 더 중요한 것은 베르뎅 조약을 체결하기 며칠 전에 왕국의 종교적 평화를 명시한 낭트 칙령을 선포했다는 것이다.

한 세대에 걸친 프랑스 종교 전쟁의 최종 승자는 누구였을까? 가톨릭 세력도, 신교 세력도 진정한 승자가 아니었다는 것은 분명하다. 그렇다면 자신의 신앙을 포기하고 결국 왕위에 오른 앙리 드 나바르였을까? 전쟁의 진정한 승자는 바로 국가였다. 종교 전쟁의 모태로부터 자라나 이제 국왕의 개인적 양심과 신앙을 희생시킨 주인공은 다름 아닌 프랑스 국가였다. 종교 전쟁의 종결은 곧 국가와 국왕 개인, 이 둘 중 어느 쪽이 우월한지를 판가름해주는 것이었으며, 어쩌면 국가와 국왕이 이제 더 이상 혼동될 수 없음을 선포하는 것이기도 했다. 독립적이고 자율적인 존재임을 확인하기 시작한 프랑스 국가는 이제 자신의 모습을 구체적으로 그려줄 이론의 캔버스를 찾아야 했다. 보댕의 《국가론》이 이를 제시해줄 것인가?

3. 국가와 주권

앞에서 설명한 보댕의 시대적 상황이 그가 제시한 국가와 주권의 개념을 형성하는 데 영향을 미친 것은 분명하다. 보댕의 주권 개념이 중세 교회법이 제시한 교황권의 개념과 고대 자연주의 사상에 입각한 권리의 개념이 융합된 것, 그래서 오랜 기독교 전통에 입각한 것이라고 말한다면 이는 정확한 평가가 아니다. 보댕의 주권 개념은 비록 중세적 전통에서 자양분을 섭취하고 있기는 하지만 그것과는 단절된 어떤 요소를 보여주며, 이 단절은 보댕을 전근대의 대지 위에 서 있는 정치적 근대성의 발견자로 평가하게 한다. 어떤 점에서 그러한가? 그가 권력의 세속적인 차원을 발견하고 정치적 영역의 일정한 자율성을 확인했다는 점에서 그렇다.

(1) 국가란 무엇인가

보댕의 《국가론》은 국가 개념에 대한 명확한 정의로 시작된다.

국가란 다수의 가족과 그들의 공유물로 이루어진, 주권에 의한 정당한 통치다. 이러한 개념 정의를 먼저 제시하는 것은, 무엇보다도 국가의 주된 목적을 깨닫고, 아울러 그것을 달성하기 위한 수단을 찾는 것이 이 책의 목적이기 때문이다. 그런데 그 개념 정의란 국가가 지향하는 목적과 다름없다. 만일 올바른 정의를 내리지 못한다면, 그 위에 세워질 모든 논의는 사상누각이 되어버릴 것이기 때문이다.(제1서 1장, 이 책 29쪽)

이 전제를 토대로 이후 저자는 국가의 목적과 형태 그리고 구성 요소들을 제시하게 된다. 이 뒤에 이어지는 1,000페이지가 넘는 분량의(1583년 판본으로) 텍스트는 어떻게 보면 이 첫 문장들에 대한 보충 설명에 지나지 않는다고 해도 과언이 아니다. 보댕은 여기서 두 가지 사실을 확인시킨다. 첫째, 국가의 핵심은 다름 아닌 주권이라는 것이다. 둘째, 정치 철학의 근본은 정확한 개념 정립이라는 것, 즉 목표를 달성하기 위해서는 주제를 명확하게 정의하는 것이 관건이라는 것이다. 더욱이 그 주제가 국가인 한 더욱 신중을 기해야 한다. 올바른 기초 위에 세워지지 못한 국가는 무너지기 때문이다. 게다가 개념 정의란 곧 "국가가 지향하는 목적"이지 않은가?

그렇다면 보댕이 말하는 국가가 지향하는 목적이란 무엇일까? 그것은 다름 아닌 정의正義다. 정의에 입각한 '정당한 통치'야말로 국가를 다른 공동체와 구별되게 하는 기준이다. 성 아우구스티누스도 말했듯이 정의가 없다면 왕국은 강도 집단에 불과하다. 《국가론》이 분석하고 있는 이 정의야말로 진정한 정치 사회의 기준이다. 이 점에서만큼은 아리스토텔레스보다 플라톤이 더 현명했다. 전자는 헌정의 형태에 더 관심을 보였지만 후자는 자신의 《국가》에 '정의론'이라는 부제를 붙이지 않았던가.

정의로움이야말로 '훌륭한 국가'의 본질이자 형상이다. 정의가 없다면 "협약이나 평화를 체결할 때, 전쟁을 비난하거나 공격을 위한 또는 방어를 위한 동맹을 맺을 때, 국경을 결정하고 군주와 주권 영주 사이의 문제를 해결할 때"(제1서 1장, 이 책 30쪽) 취하는 행위들은 어떠한 정치적 의미도 갖지 못할 것이다. 그 어떤 공적 행위도 정의를 고려하지 않고는 존재할 수 없다. 정의는 모든 정치 사회를 바른 항로로 인도하는 영원한 등대다. 그것은 개념상 자연의 법이 모든 인간 사회에 부여한 목적을 집약적으로 표현하고 있다. 정당한 정부와 정의는 본질적으로 결합되어 있다. "법은 정의를 목적으로 한다." 로마법 사상에 따라 법과 정의를 동일시한 아퀴나스의 이 구절은 정치의 영역에서 언제나 최고의 빛을 발한다.

하지만 고대인들이 언제나 정확한 이야기를 들려주는 것은 아니었다. 예를 들어 '행복하고 풍요롭게 살기 위해 모인 인간들의 사회'가 국가라는 정의는 분명 틀린 것이다. 국가의 목적은 행복이라고 불리는 경험적인 선善과는 관련이 없다. 엄밀하게 말해서 '행복하게' 산다는 것은 정치 공동체가 존재하기 위한 필수 조건이 아니다. 행복만을 추구하는 정치 사회는 '세 가지 중요한 점'을 잊고 있는 것인데, 그것은 바로 '가족, 주권, 공유물'이라는 보다 본질적인 요소들이다. 결국 국가의 본질을 깨닫기 위해서는 '조준선을 좀 더 높이' 올려야 한다. 그러나 조준선을 너무 높이 올린 나머지 플라톤이나 모어처럼 "국가를 현실성을 결여한 사변적 개념으로 묘사"하는 것도 오류다. 이상주의는 현실적인 정치 안에서 단지 덧없음만을 경험할 뿐이다. 결국 보댕은 경험주의의 조야함과 이상주의의 덧없음 사이에 스스로를 둔다. 그리고 "정치적 규범들을 가능한 한 치밀하게" 검토하려 한다.(제1서 1장, 이 책 34쪽)

행복에 관해서 《국가론》은 "국가의 진정한 행복이 한 개인의 행복과" 본질적으로 같다고 주장한다. 보댕이 보기에, 국가 전체의 진정한 행복이 개인의 개별적 행복과 보조를 같이한다고 말한 아리스토텔레스는 이 점에서만큼은 옳았던 셈이다. 그런 점에서 보댕은 이 시대의 지배적인 이데올로기인 전체주의Holisme에서 크게 벗어나지 않았다. 선량한 인간은 건전한 시민이며 공공선을 위해 봉사한다. 보댕에게 이는 결정적인 진리다. 그리고 이 진리는 두 가지 다른 진리로 우리를 안내한다. 첫째는 윤리와 정치는 서로 나누어질 수 없다는 것이며, 둘째는 인간의 삶은 윤리적 차원에서나 정치적 차원에서나 자연의 근본 법칙에 종속된다는 것이다. 결국 "자연의 위대한 주인에게 모든 찬양을 바치면서 자연과 인간 그리고 신성한 것들에 대한 관조"(제1서 1장, 이 책 35쪽)를 목표로 할 때 사람들은 최고선을 향유할 수 있다. 결국 국가의 목적인 정의는 "정당한 정부"가 되기 위한 두 가지 조건을 제시한다. 첫째, 국가를 이상주의적 몽상으로부터 그리고 단순한 쾌락만을 추구하는 실용주의로부터 구해내기 위해 행위와 관조를 통일시켜야 한다. 둘째, 자연의 법과 일치하는 구조를 발견해 신성한 창조의 위대한 전체 안에 둬야 한다.

이제 다음 문제로 넘어가자. 무엇이 국가를 구성하는가? 보댕은 세 가지 구성 요소를 제시한다. '다수의 가족과 그들의 공유물' 그리고 '주권'이다.

보댕에게 가족은 "모든 국가의 기원이자 진정한 원천이며 근본적인 구성 요소"(제1서 2장)다. 보댕은 18세기의 계몽 사상가들, 특히 사회계약론자들과 달리 정치 사회가 어디에서부터 시작되는가 하는 기원의 문제를 논하지 않는다. 가족에 대해서조차 보댕은 그것이 정치 사회가 일정한 구성 절차에 따라 성립되기 위한 최초의 요소라고는 생각하지 않았다. 국가가 존재하기 위한 결합 조건이나 계약 개념은 애초부터 보댕의 사유에 포함되어 있지 않았다. 국가의 존재는 아리스토텔레스가 생각한 대로 '위대한 전체'인 우주 안에서 자연적인 것이었다. 하지만 이 그리스 철학자는 '경제'와 '정치', 즉 가족과 국가를 인위적으로 구분하는 오류를 범했다.[57] 집을 짓지 않고 마을을 건설하는 것이 불가능하듯이 '전체로부터 주요 부분을 절단'할 수는 없다. '집', 다시 말해 가족 혹은 가구家口는 부분이 전체를 이루듯이 국가를 구성한다. 국가에 관한 이러한 자연주의적 사유는 자연 그 자체만큼이나 오래된 사회유기체설을 파생시켰다. 전체로서의 국가를 구성하는 부분들을 구별하기 위해서 결국 가족이라는 최소 단위에서 출발하는 것은 당연한 일이지만, 국가 이전에 존재했을 어떤 요소들을 가지고 국가를 재구성하려는 것은 보댕이 보기에는 자연스럽지 못한 일이었다.

보댕은 훗날 홉스가 리바이어던 국가의 주요 동인으로 제시한 모든 인공적 요인들을 거부한다. 물론 보댕이 당시의 정치 저작들에 나타나기 시작한 개인주의에서 기계적인 정치의 가능성을 상상하며 그 결과를 가늠해보았을 수도 있다. 자연주의에 대한 거부, 개인에 대한 강조, 구성적이며 기하학적인 방법, 합리주의적 추론의 승리를 예감했을 수도 있고, 그에 대한 처참한 결과들을 예감했을 수도 있다. 그러나 보댕에게 정치는 무엇보다도 구체적이며 살아 있는 현실이었다. 비록 온갖 사상들로 범벅이 되어 있기는 하지만 정치는 결코 인간의 지적 활동의 한 부분으로 축소될 수 없었다. 물질적 우주를 지배하듯이 인간 사회를 지배하는 자연법은 필연적으로, 자연적이고 구체적인 조직인 가족을 부분이나 구성 요소가 아니라 국가의 모델로 상정하게 했다. 자연법에 따라 국가가 존재하기 위해서는 최소한 셋 이상의 가구가 필요하다. 고대인들은 15명의 집단을 '인민'이라고 불렀고 이는 세 가구의 구성원을 합친 수에 해당한다. 그러나 보댕은 공동체를 구성하는 것은 단지 산술적 숫자가 아니라고 말한다. 한 가족의 가장은 부유한 로마의 크라수스처럼 300명의 아내와 600명의 자식, 500명의 노예를 가질 수도 있지만, 이 숫자가 국가를 구성하지는 않기 때문이다. 가족의 특징은 가장이 있다는 것이며, 이 때문에 가족은 국가에 대한 자연스러우면서도 구체적인 모델, 구조적인 매개 변수가 되어주는 것이다.

국가는 가족과 마찬가지로 우두머리를 가지며 그의 권위에 복종한다. 사실 루소도 훗날 같은 방식으로 우두머리와 인민 사이의 관계를 설명한다. 그러나 급진적인 자연주의자였던 보댕은 루소와 달리, 가족과 국가의 연속성만 보고 차이점은 보지 못했다. 그래서 올바른 가정, 가장의 권위, 가장에 대한 순종은 보댕에게 국가의 진정한 모습으로 비쳤다. 물론 가족은 정치 사회의 토대에 지나지 않는다. 그러나 그것은 살아 숨 쉬는 자연적 공동체이며, 자연적 정치 공동체는 자연의 법에 순종하며 생명을 유지해야 한다. 그런 점에서 국가는 가족의 연장선 위에 있었다.

가족을 올바르게 다스리는 것이 국가 통치의 진정한 모델이라는 테제는 17세기와 18세기에 걸쳐 계속된 논쟁거리였다. 특히 그것은 로크John Locke와 필머Robert Filmer, 페늘롱François de Salignac de La Mothe Fénelon과 보쉬에Jacques-Bénigne Bossuet 사이에 벌어진 논쟁의 핵심 주제였다. 그러나 보댕은

필머와는 달리, 정치적 권위의 기초를 자연적인 가부장주의
에 두려고 하지 않았다. 게다가 그의 논설에는 어떤 형태의
논쟁적 의도도 숨어 있지 않았다. 매우 단순하게 말해서, 보
댕은 개인에게서 어떤 원리도 어떤 목적도 보지 않았다. 가
장은 비록 그가 아담의 직계 후손이라 할지라도 이 점에서는
다르지 않았다. 보댕에게 있어서는 그가 주로 종교 개혁 사
상에서 보았던 개인주의의 단초들이 오히려 근심거리였다.
보댕이 개인주의를 거부한 것은 최초 사회의 공동체적 특징
을 강조하려는 의도에서였다. 국가가 구성되기 위해서는 국
고, 공유지, 도로, 담, 사원, 시장, 법과 관습, 정의, 형벌과 같
은 '공통적이며 공적인 어떤 것'이 있어야 한다. 공적인public
것을 갖고 있지 않은 국가Res publica란 한마디로 어불성설이
다. 그러나 보댕은 이러한 어원적인 해석을 넘어서, 정치 사
회가 기본적으로 공동체적 사유를 내포한다고 말하고 있는
것이다.

보댕에 따르면 가족은 국가의 기원이면서 가장 근본적인
구성 요소다. 가족을 잘 이끄는 것이야말로 좋은 정부의 모
델이 된다. 따라서 가족은 절대적인 지배자에 의해 지배받는
국가를 표현한다. 게다가 가족과 마찬가지로 국가는 일치와
사랑을 기반으로 해야 한다. 조화로운 정의에 기반을 둔 균
형을 창조함으로써 정치체의 구성 부분들을 결합시키고 화
해시키는 것은 국가 통치의 의무다.

이러한 점에서 보댕은 철학적으로 개인주의와 언젠가는 쌍을 이루게 될 자유주의의 반대편에 서 있었다고 볼 수 있다. 그렇다고 해서 보댕이 플라톤식의 공산주의를 지향한 것은 물론 아니다. 플라톤은 아이와 여자에 대해서까지 공동 소유를 주장하면서, 모든 악의 근원이라고 간주한 '네 것과 내 것'의 구별을 금지하고자 했다. 이러한 입장에 대해서 보댕은 그것이 국가를 구하는 것이 아니라 오히려 멸망케 할 것이라고 비판한다. 모든 것이 모두의 소유라면 결국 모두가 아무것도 소유하지 않는 것과 같기 때문이다. 보댕에 의하면 정치 사회에는 공적인 것과 사적인 것 사이에 영속적이며 섬세한 변증법이 존재해야 한다. "개별적인 것이 없다면 공적인 것도 없다"(제1서 2장). 모든 사람이 왕이 되기를 바라는 정치 공동체에는 어떤 왕도 존재할 수 없다. 만일 모든 사람이 모든 것의 소유자라면, 그것은 모든 사람이 어떤 것도 소유할 수 없음을 의미한다. 보댕이 보기에 이러한 상태는 자연의 질서에 위배되는 것이다. 플라톤식의 공산주의는 다양함이 '부드럽게 뒤섞여'야 하는 자연의 조화 또는 국가가 지향하는 조화라는 이상에 치명적이다. 공적인 것을 국가에 귀속시키기 위해서 개별적인 것들은 개인에게 돌려져야 했다.

신이 정한 자연법에 따라 보댕은 공동체 개념의 법제적 이론화를 시도한다. 재산 획득과 보존과 양도에 관한 권리는 모든 개인의 권리다. 그러나 그것은 공적 재산을 보존하는

데 기여하며, 주권자가 정한 공공의 법에 의해서만 정의될 수 있다. 가장이 주권 군주에게 복종하듯이 가족에 관한 법령은 국가의 법을 따른다. 법 공동체는 사적 영역과 공적 영역의 결합 또는 혼합을 함축한다. 사적 영역의 질서는 공적 영역의 질서를 침해할 수 없다. 결국 관건은 공적인 것과 사적인 것 사이의 상호 관계다. 이것이야말로 정치 질서를 결정짓는 법제적이면서 철학적인 핵심이다.

(2) 절대적이며 영속적인 힘, 주권

공과 사의 상호 관계를 결정하고 이를 제도적으로 보장하기 위해서 필요한 것이 있다면 그것은 바로 주권이다. 가족들의 개별적인 요구와 국가의 공적인 목표들을 조화시켜야 하는 정치의 장場은 주권의 이름 아래 있다. 국가는 주권의 통일성으로 식별되며, 주권이야말로 국가의 본질이다. 물론 이 정의는 보댕이 강조하는 것처럼 완전히 새로운 것은 아니다. 법률가들이 이를 중시하지 않았을 수는 있지만, 분명 교회법 학자들은 교황의 전권plenitudo potestatis 이론을 통해 이 개념을 발전시켜왔다. 즉 보댕을 주권에 관한 최초의 이론가로 소개하는 일반적인 설명과는 달리, 주권 개념은 엄밀히 말해서 보댕보다 훨씬 나이가 많은 편이다.[58] 보댕은 주권과 관련해 '최고 권력' 또는 '최고 권위'를 의미하는 로마법의 임페리움Imperium 개념을 차용했고, 보댕 이전에 신성 로마 제국의 이론가들은 14세기 초의 볼로냐 대학 주석집에서 임페리움 개념을 사용했다.[59] 임페리움은 정치 공동체의 최고 사법권을 지칭했고, 왕정 시대에는 왕이, 공화정 시대에는 집정관과 독재관이 그리고 제정 시대에는 황제가 임페리움을 행사했다. 봉건 시대와 15세기 초에 이탈리아에서는 영주권segnoria이라는 말이 사용되기도 했다. 프랑스에서도 13세기 이전부터 역사적 환경의 변화에 발맞추어 서서히 발전하기 시작한 왕권이 조금씩 지배적인 영주권을 획득했다. 왕은 가신들로부터 신서와 봉사를 받았으며, 영지와 법정에서 주권을 누렸다. 13세기부터 왕은 입법권과 징세권, 그 외 특수한 권리들을 국왕 특권regalia으로서 보유할 수 있게 되었다. 14세기 말엽에 플레시앙Guillaume Plessian이 제시한 "자신의 왕국에서 국왕은 황제다Rex Franciae in regno est imperator"라는 원칙은 프랑스의 왕이 그 기원에서부터 황제에 대해 독립적이었다는 것을 의미할 뿐만 아니라 왕은 자신의 왕국에서 로마 황제가 누렸던 모든 특권을 보유한다는 것을 의미했다. 14세기의 법률가들은 절대 권력에 관한 로마인의 이론을 적용하고자 했고, 중앙집권적 왕권은 지방과 귀족들의 저항에도 불구하고 조금씩 하위 권위들에 대한 우위를 확보해나갔다. 그리하여 보댕이 주권 개념을 이론화했을 때 그는, 비록 로마법과 프랑스의 역사에 대해 비판적인 입장을 견지하기는 했지만, 로마의 '완전한 명령권verum imperium'이라는 개념

과 프랑스 왕권의 신장 모두에 의거할 수 있었다.[60]

보댕에게서 주권의 문제는 단순한 개념 정의의 차원을 넘어선다. 그것은 훨씬 근본적인 것이다. 보댕에 의하면 국가가 법제적 체제로 변화할 수 있는 것은 바로 주권에 의해서였다. 주권 개념은 보댕의 정치 철학의 중심 테제다.《국가론》이 분석하고 있는 다양한 테마들, 즉 군주, 시민, 법관, 다양한 체제, 혁명, 제도, 권력에 대한 저항들은 모두 이 주권 개념을 중심으로 운행하는 행성들이다. 보댕은 결국 주권이란 국가의 법제적 기준으로서, 플라톤의 말을 빌리면 정치 사회의 이데아Idea, 아리스토텔레스의 말을 빌리면 형상Forme과도 같은 것이라고 주장한다.

국가를 만드는 것은 마을이나 사람들이 아니다. 국가의 크기가 어떠하든, 그것이 폴리스이건, 도시국가이건, 제국이건 간에 국가를 존재하게 하는 것은 "주권적 영주권의 지배하에 놓인 인민들의 결합"(제1서 2장)이다. 작은 국가의 왕도 지상에서 가장 광대한 국가의 군주만큼이나 주권자다. 국가와 함선의 아름다운 메타포는 이 개념의 본질적인 면을 잘 보여준다.

함선이 용골龍骨과 뱃머리 고물, 상갑판을 상실하여 배의 모양을 갖추지 않으면 나뭇조각에 불과한 것과 마찬가지로 모든 구성 요소들, 가족들, 단체들을 결합시켜주는 주권을 상실

한 국가는 더 이상 국가가 아니다.(제1서 2장)

그리고 얼마 후에 루아조는 《영주권론*Traité des seigneuries*》
(1608)에서 다음과 같이 말했다. "주권은 국가와 결코 분리될
수 없다. 주권이 소멸되면, 그것은 더 이상 국가가 아니다⋯
주권은 국가에 존재를 부여하는 형상이다. 국가와 주권은 사
실상 동의어다."61

주권이 정치의 본질적인 형상이므로 보댕은 그 기원을 추
적하는 것이 불필요하다고 본다. 그는 기원의 문제가 국가의
주권이 지닌 기능과 그 기능의 성격을 결코 설명해주지 못한
다고 생각했던 것일까? 아마 그보다는, 국가 권력에는 원인
이 존재하지 않는다고 생각했다는 게 더 적절할 것이다. 보
댕이 제시하는 주권은 개념상 본질적이고 그 자체로서 존재
한다. 그래서 보댕은 주권의 기원을 밝히는 대신 주권이 지
닌 세 가지 근본적인 속성을 제시한다. 그것은 바로 명령권
적 속성, 영속성, 절대성이다.

주권은 무엇보다도 하나의 명령이다. "원하는 대로 살고
자 하는 각자의 자연적인 자유가 타인의 권력 아래 놓이면서
부터"(제1서 3장) 모든 단체와 모든 가족도 이 명령권을 경험
하게 된다. 그러므로 국가의 명령권은 공적이라는 점을 분명
히 해야 한다. 개인적인 명령은 네 가지 얼굴을 지닐 뿐이다.
아내에 대한 남편의 명령, 자식에 대한 아버지의 명령, 농노

에 대한 영주의 명령, 종에 대한 주인의 명령이 그것이다. 그러나 공적 명령권은 법을 만드는 주권자 또는 그 법에 복종하는 법관들에게 귀속되며, 공적 명령권에 따라 다른 법관과 개인에게 명령이 하달된다. 주권과 봉사는 근본적으로 서로 대립되는 말이다. 가신을 가리켜 주권자라고 주장한다면 이는 참을 수 없는 모순이다. 영주와 신하, 주인과 종, 입법자와 그 법을 따라야 하는 자, 명령권자와 그에 복종하는 자를 대등하게 보는 것은 불가능하다.

결국 주권의 보유자가 인민이건 군주이건, 주권 개념은 그 논리상 복종의 개념을 동반하게 된다. 주권의 명령과 그에 대한 복종, 이 양자는 동전의 앞뒷면과 같다. 물론 보댕이 말하는 복종이란 노예화를 의미하지는 않는다. 게다가 그는 모든 형태의 노예제를 반자연적이라는 이유로 명백히 비판한다. 주권자만큼이나 백성들도 자연의 법을 거스를 수 없다. 백성이 군주의 명령에 복종하지 않을 때 그 군주는 주권자가 아니며, 정치적으로 이는 무정부 상태에 해당하고 국가의 붕괴를 의미한다.

비록 국가가 가족의 연장선 위에 있다고 하더라도, 정치권력은 이렇게 남편, 아버지 또는 영주의 권력과 구별된다. 정치권력의 특징은 어떠한 언어로 표현되든지 '가장 강력한 명령권'이라는 것이며, 모두에게 똑같이 적용된다는 것이다. 주권적 권력은 정치적인 동시에 공적이다. 군주, 좀 더 정확히 말하면 군주의 직위가 행사하는 공적인 권력은 국가의 첫 번째 원리다. 주권 군주는 신하와 백성들에게 명령하는 자다. 그는 국가라는 함선의 선장이며, 신 다음가는 유일한 주인이다.

또한 주권은 영속적이어야 한다. 다시 말해서 주권이 시간에 제한을 받는다면 그것은 주권이 아니다. 섭정이나 위임관 또는 법관과 같이 한시적으로 명령권을 부여받은 자들은 임기가 끝나면 여느 백성과 다를 바 없는 존재가 된다. 그들은 국가 권력의 일시적인 보관자 또는 위탁자일 뿐이며, 그래서 언제든 해임될 수 있다. 그런 점에서 로마의 독재관들도, 그들이 지닌 권력이 어떤 것이었건 간에 결코 주권자라고 할 수 없었다. 독재관은 전쟁을 선포하거나 반란을 진압하거나 국가 개혁을 추진하거나 새로운 관리를 임명하기 위해 일종의 위임장을 수여받았으며, 임기가 끝나면 더 이상 그 권력을 갖지 않았다. 킨키나투스는 15년간 강력한 독재관으로 있었지만 주권을 가지고 있지는 않았다. 카이사르는 신 이외에 자신보다 더 강력한 자는 없다고 공언한 바 있지만 그때조차 그는 주권자가 아니라 단지 한시적인 위임자에 불과했다. 이는 아테네의 아르콘들도 마찬가지다. 보댕은 이러한 '위임관'들이 행사한 권력이 어떤 것이었든 그들은 결코 주권자가 아니라고 단언한다. 그 권력은 영속적이지 않기 때문이다. 보댕의 이러한 설명에 의하면 결국 주권은 시간의 질서에 속하지 않으며 시간을 초월하고 있다. 이러한 특징은 왜 신 이외에는 그 누구도 주권자에게 책임을 물을 수 없는지를 설명해준다. 심지어 무제한의 권력이 한 군주와 그 후계자들에게 죽을 때까지 부여되었다 하더라도 그 권력이 한시적인 것이라면 그것은 주권이 아니다. 주권이 구현되는 국가의 형태가 어떤 것이건 간에 주권은 모든 형태의 시간적 제약을 넘어서는 지속성을 함축하고 있다. 주권은 어떠한 단절도 제한도 없이 국가와 결부된다.

주권의 이러한 영속적인 특징은 사실 국가 자체가 지닌 지속성의 원칙과 다름없다. 프랑스에서는 15세기 말부터 이러한 원칙이 표현되기 시작했다. "국왕 없는 왕국은 결코 존재하지 않는다Le Royaume n'est jamais sans roi"는 말이나 국왕이 사망했을 때 왕궁의 발코니에서 외쳐지던 "왕께서 서거하셨습니다. 국왕 만세!"라는 구호는 이러한 왕위의 영속성을 표현하고 있다. 전해지는 바에 따르면 1610년 마리 드 메디시스Marie de Médicis가 앙리 4세의 암살을 대법관에게 알리자 그는 다음과 같이 이야기했다고 한다. "마마, 프랑스의 왕들은 죽지 않습니다." 왕위가 지닌 영속성은 군주들의 인격을 초월하는 것인 셈이다. 국왕은 계승자를 통해 영속성을 보장받지만, 이러한 승계는 일반법에 드러나는 상속의 의미와는 다르다.

영속성에 대한 보댕의 사유는 어디에서 유래했을까? 보댕은 아마도 중세의 정치사상 속에 널리 퍼져 있던 왕의 두 신체에 대한 사유, 즉 국왕은 보통 인간이 가진 사멸하게 될 자연적 신체와 공공선을 구현하는 정치적 신체를 결합하고 있다는 중세의 정치적 담론으로부터 영향을 받았을 것이다.[62] 중세 법률가들은 하나의 인격이면서 두 개의 몸으로 구성된 일종의 법인체corporation를 창조해냈다. 두 신체론에 따르면 자연과 우연으로부터 발생하는 모든 허약함에 종속된 자연적 신체는 국왕의 인격 안에서 유약할 수도 노약해질 수도 없는 정치적 신체를 만나게 되며, 정치체로서 국왕이 행한 일은 그의 자연적 신체에 의해 효력을 상실하거나 좌절되지 않는다. 그 결과 개별적인 인간인 국왕은 여느 다른 백성들과 마찬가지로 온갖 제약에 종속된다. 반면 두 번째 신체는 결코 사라지지 않는 상징적 신체를 소유하게 된다. 13세기에 영국의 브랙턴Henry de Bracton이 주장한 국왕의 초시간성——"왕은 시간에 구속받지 않는다Nullum tempus currit contra regem"——이 이제 보댕에게서 주권이 지닌 영속성의 개념으로 진화한 것이다.

이러한 사실은 보댕이 근대 국가의 초석을 세우는 데 기여한 근대적 사상가이면서도 동시에 중세적 전통의 계승자임을 보여준다. 보댕은 즐겨 인용하던 발두스에게 힘입어 국왕의 존엄함majestas은 결코 소멸되지 않는다고 반복적으로 주장한다. 주권은 오로지 '신비한' 국왕의, 눈에 보이지 않는 영성적 신체에 속한다. 이러한 사고가 가정하고 있는 것은 주권자의 육체적 인격과 그가 구현하고 있는 주권의 엄격한 구분이었다. 이러한 유형의 구분은 자연적 인격과 신비하고 허구적인 인격과의 구별, 왕의 두 신체의 구별로 표현되었으며, 여기에서 역사가 칸토로비츠Ernst Hartwig Kantorowicz는 엄밀하게 신학적인 논거, 즉 그리스도의 본성론의 흔적을 발견했다. 인성의 그리스도가 신의 도구인 것과 마찬가지로 군주는 공적 인격체의 대변자인 것이다. 그리스도가 인성과 신성을 동시에 결합하고 있는 것과 마찬가지로 군주는 자기 자신이면서 동시에 자신을 초월한 존재인 것이다. 그러나 보댕은 홉스보다 앞서, 국왕의 인격이 국가와 혼동되지 않으며 결국 주권자는 물리적 인격이 아니라 시민적 혹은 공적 인격이라는 점을 이해했다. 주권자는 국가라는 공적인 인격의 대변자다. 오직 이 공적 인격만이 영속적이다. 국왕은 사라져도 국가는 남으며, 권력의 공백이란 있을 수 없다. 이러한 보댕의 시각은 궁극적으로 근대 국가의 공권력이 지닌 성격 중의 하나인 영속성을 위한 이론적 기초를 세운 셈이다.

또한 주권은 절대적이어야 한다. "한 군주에게 주어진 조건적이며 의무를 수반하는 주권은 주권이 아니며 절대 권력도 아니다." 국가가 지닌 명령권은 다른 권력을 모두 초월하며 또한 무조건적이다. 루아조의 말을 빌리면 "주권은 모든 면에서 완벽하고 부족함이 없어야"[63] 한다. 주권을 소유한 군주나 의회는 자신의 의지와 관계없이 스스로를 구속할 수는 없다. 대외적으로 주권자는 가신도 봉신도 아닌 자다. 근대적 용어를 빌리면, 국제 관계에서 주권은 타국에 대한 자국의 독립성으로 표현될 수 있을 것이다. 국가 내부에서 군주는 백성들에 대해서, 또는 선왕에 대해서, 또는 특히 자신이 제정한 법과 칙령에 대해서 자유롭다. 국가의 주권은 '양도 불가능한 권리'다. 중세 작가들이 물려준 '주권'이라는 말을 차용해 보댕은 주권을 절대적 권력, 다시 말해서 모든 인간의 법으로부터 해방된 최고의 법solutus legibus이라고 정의한 것이다.

이러한 정의는 군주가 법을 거부할 수 있는 단순한 권리를 요구해도 무방하다는 것을 의미하지는 않는다. 이것은 오히려 "지상에 신 이외에 주권 군주보다 더 강력한 존재는 없으며, 주권 군주는 신이 인간들을 통치하기 위해 지상에 세우신 대리인"(제1서 10장)임을 상기시킨다. 주권자는 지상에서의 신의 이미지다. 이러한 우월성으로부터 주권자야말로 입법권을 지닌 유일한 존재라는 결론이 도출된다.

주권자는 결코 타인의 명령에 복종하지 않으며, 백성들에게 법을 제정해줄 수 있어야 하고, 불필요한 법을 폐지하거나 무효화하거나 아니면 다른 법으로 대체할 수 있어야 한다. 법에 종속된 자 또는 누군가의 명령을 받는 자가 이 같은 일을 할

수는 없다.(제1서 8장, 이 책 60쪽)

정의나 명예 혹은 이익이 걸린 문제가 있을 경우 법을 바꾸는 것은 주권자의 고유 권한에 속한다. 그리고 이 경우에 주권자가 스스로에게 명령하거나 스스로를 법으로 구속하는 것은 '본질적으로 불가능'하다. 보댕에 의하면 국왕의 모든 칙령에 "짐의 뜻이 그러하노라"라는 말이 들어가 있는 것은 이 때문이다.

주권이 법보다 절대적인 우위에 있다면, 그것은 주권이 우선 입법권으로 간주되기 때문이다. 왕정하에서 법을 제정하는 것은 오직 군주, 정확히 말하면 군주의 의지다. "주권 군주가 제정한 법이 정당하고 분명한 이유에 따라 정해졌다 하더라도 결국 그 법은 오로지 자유로운 군주의 의지에 의한 것"(제1서 8장, 이 책 62~63쪽)이다. 이 의지에 의해 법은 효력을 갖게 된다. 왕은 이제 더 이상 13세기처럼 정치체 전체의 조화와 균형을 유지하기 위해 법을 제정·감시하고 스스로 법을 구현하는 인물이 아니다. 왕은 그 자체로서 법의 원천이다.

주권 군주의 첫 번째 표식은, 모두에게 일반적으로 적용되고 또 개인 각자에게 적용되는 법을 제정하는 능력이다. 그러나 이것만으로는 불충분하다. 여기에 덧붙여야 할 것은 그것이 더 강력한 자 또는 동등한 자 또는 자신보다 하위에 있는 자의 동의를 필요로 하지 않는다는 점이다.(제1서 10장)

이렇게 동의의 불필요함을 강조하면서 보댕은 삼부회에 대한 주권 군주의 우위를 분명하게 확언하고 있다. 이것이 주권의 절대성이 지닌 첫 번째 특징이다. 한마디로 보댕은 모나르코마크가 주장한 전통적인 헌정주의에 반대한다. 특히 국왕의 전권에 제어 장치를 부여하고자 한 세이셀은 보댕에게 일종의 '악의 축'이었다.

여기에서 진정한 주권 군주의 위대함과 존엄함이 드러난다. 명령, 수여 또는 투표권에 대해 어떠한 권력도 행사하지 못하는 인민의 회의는 자신의 청원과 탄원을 겸허하게 제시할 뿐이다. 그리고 국왕이 동의하거나 거부하고자 하는 것들, 명령하거나 금지하고자 하는 것들은 법과 칙령으로 제정되어 지켜진다.

법관의 의무를 다룬 책이나 유사한 저작들은 인민의 대의 기관이 군주보다 우위에 있다고 주장하곤 했다. 그러나 이는 주권 군주에 대한 당연한 복종을 거부하고 백성들을 반란으로 이끄는 그릇된 주장이다.(제1서 8장, 이 책 70쪽)

주권의 절대성에 대한 이러한 사유는 어떻게 출현하게 되었을까? 사실 주권 개념의 출현에 대한 세부적인 분석은 드문 형편이다. 하나의 정치 공동체에 최종적인 권위의 유일한 중심이 존재해야 한다는 생각이 어떤 조건에서 나타나게 되었는지에 대해서 우리는 여전히 잘 모르고 있다.

사실 보댕은 《국가론》 이전에 《쉬운 역사 인식 방법론》에서 이미 주권 개념에 대한 설명을 시도한 바 있다. 거기에서 보댕은 주권은 모든 형태의 국가에서 동일하며 무엇보다도 분할될 수 없다는 것을 강조했다. 군주정이건 귀족정이건 민주정이건 동일하게 주권은 분할 불가능하다. 더 나아가 그는 이 세 가지 형태의 국가만이 존재 가능하며 네 번째 형태의 국가란 존재할 수 없다고 확언했다. 즉 혼합 정치체제는 불가능하다. 물론 보댕은 로마의 정치체제가 혼합적이라고 주장한 폴리비오스의 테제를 알고 있었지만, 순수하게 법제적인 시각에서 폴리비오스의 이러한 생각은 맞지 않는 것이었다. 엄밀하게 말해서 로마 제국은 결코 혼합적인 정치체제가 아니었던 것이다. 로마의 최종 권력은 인민에게 있었다.

1566년에 발표한 《쉬운 역사 인식 방법론》에서 보댕은 이 분할 불가능한 주권이 다양한 형태의 권력 제한 기제와 양립될 수 있다고 생각했다. 즉 왕권에 부과된 여러 제한은 왕권을 훌륭한 정부의 합리적이고 생산인 테두리 안에 머물게 할 것이었다. 권력에 대한 제한은 법적으로 전혀 모순적인 것이 아니었다. 필요한 경우 왕이 자신의 전권을 사용하는 것은 가능한 일이었지만, 오랜 관행은 이러한 남용을 금지하고 있었다. 역사는 무제한적인 권력이 국가의 몰락을 야기하는 모든 종류의 악을 낳는다는 것을 가르쳐주고 있었다. 권력에 대한 제한은 통치의 질과 그 지속성의 보증 수표였다.

보댕은 다만 왕권의 제한은 통치와 관련될 뿐 주권의 본질과는 관련이 없다고 주장했다. 즉 주권의 행사가 제한받는 것이지, 주권의 보유 방식에 제한이 가해지는 것은 아니다. 그러나 이러한 구별에도 불구하고 보댕은 권력에 대한 제한을 강조했고, 그래서 다음과 같은 결론에 도달했다. 왕이 법 위에 군림한다는 것은 단지 공동체의 동의를 얻었을 때에만 유효하다는 것이다. 그는 두 형태의 왕정을 대립시켰다.《쉬운 역사 인식 방법론》에 따르면 먼저 "모든 사물과 법의 주인임을 자처하는" 왕이 있다. 이러한 왕에 의한 군주정은 물론 자연법을 거스르는 것은 아니지만, 이보다 더 나은 군주정이 존재한다. 그 경우 왕은 "개인과 법관들을 법 앞에 종속시킬 뿐만 아니라 스스로 법을 지킨다". 이러한 군주정에서 왕은 자신의 축성식에서 "기본법에 따라 그리고 모든 사람을 위해 국가를 관리할 것을 맹세하며, 자신의 맹세를 결코 번복하지 못한다. 설사 그러기를 원하더라도 그럴 수 없을 것이다".《쉬운 역사 인식 방법론》에서 보댕은 결과적으로 최고 권력을 제한적인 것으로서 정의했던 셈이다.

그런데 왜 보댕은 불과 10년 만에《국가론》에서 애초의 입장을 번복하고 분할 불가능한 주권이 절대적이어야 한다고 말하게 된 것일까? 아마도 가장 큰 이유는 당시에 벌어진 일련의 정치적 사건들이 안겨준 충격 때문이었을 것이다. 성 바르텔르미 축일의 대학살 이후 프랑스의 신교도 세력 그리고 뒤이어 가톨릭의 신성 연맹은 만일 왕이 폭정을 한다면 왕이라는 합법적인 권위에 대해서 백성이 명백한 저항의 권리를 행사할 수 있다는 이론을 발전시켰다. 이 이론은 다음의 두 가지 측면을 갖고 있었다.

먼저 이 이론은 주권의 구성적 요소임을 자처하는 하위 관리들의 위상을 높이는 것이었다. 모든 권위가 신에 의해 확립되었다는 성 바울의 말을 해석하면서, 칼뱅은 이미 하위 관리들이 "인민을 보호하고 왕의 지나친 탐욕과 남용을 제한하기 위해 만들어진 것"임을 주장했다.[64] 이러한 주장은 법관 개개인의 권력이 군주로부터가 아니라 신으로부터 직접 나온 것처럼 여겨지게 했다. 군주와 마찬가지로 백성을 보호하기 위해 신에 의해 세워진 법관들은 그래서 주권자의 의지에 따라 존재 여부가 결정되는 단순한 신하가 아니었다. 베즈에 의해 만개한 이러한 법관 개념에 따라 법관은 그들이 인민을 대표하는 한, 군주와의 관계에서 분명한 독립성과 나아가 우월성까지도 보유하게 되었다. 이와 같은 개념은 비록 합법적인 군주라 하더라도 그가 폭정을 행할 경우 백성은 그에 맞서 저항할 권리를 지닌다는 이론으로 귀결되었다. 한

걸음 더 나아가 베즈는 법관이 이러한 행동에 나서지 않으면 그것은 자신의 사명을 저버리는 것이며 신에게 불충한 죄를 범하는 것이라고 주장했다.[65]

두 번째로 이 이론은 왕의 위상을 낮추는 것이었다. 오트망의 《프랑코갈리아Francogallia ou la Gaule Française》[66]에서 이러한 측면을 찾아볼 수 있다. 프랑스 헌정 체제를 급진적으로 해석한 오트망은 프랑스의 왕정이 선출에 의한 것이며, 오랜 전통의 삼부회는 왕의 창조물이 아니라 헌정의 근본 요소라고 주장했다. 주권은 바로 삼부회에 귀속되며, 삼부회에 의해 왕이 선출된다. 그러므로 왕은 자신의 권력을 법의 테두리 안에서 행사할 수밖에 없고 또 법을 굳게 지켜야 한다. 오트망은 군주정의 기초는 바로 계약이며, 결코 왕이 최고의 권력이 될 수 없다고 주장했다. 왕은 백성에게 봉사하는 관리일 뿐이며, 삼부회는 권력을 남용하는 왕을 폐위시킬 권리를 지닌다는 것이었다.

1566년에 보댕은 이러한 저항권에 그다지 관심을 기울이지 않았지만, 성 바르텔르미 축일의 대학살이 일어난 1572년에는 이것이 치명적인 문제가 되었다. 저항을 용인하는 권력은 결코 최고 권력일 수 없다. 그런데 최고 권력에 대한 제한이 인정된 경우라 해도 공동체가 저항권을 갖지 않는다면 권력에 대한 제한은 유명무실해진다. 그래서 저항권의 포기는 필연적으로 제한적인 권위 개념의 포기로 귀결되며,

여기서 주권의 절대적인 성격에 대한 강력한 주장이 제기되는 것이다. 《국가론》에서 보댕은 세 가지 테제, 즉 저항의 합법성, 최고 권위에 대한 제한 그리고 이 권위의 상위 권력이 있을 수 있다는 것에 대해 반론을 펼친다. 그런데 보댕은 상위 권력을 인정하는 권위란 최고권이 아니라고 말한다. 보댕의 주장은 간단하다. 왕이 주권자이거나 삼부회가 주권자이거나 둘 중 하나인 것이다.

보댕이 제시한 세속 국가의 근본적인 특징 가운데 하나는 자연법이나 신법과 완전히 절연한, 주권의 명령으로서의 법이라는 새로운 정의와 관련돼 있다. 권리의 통치가 가능해지기 위해서는 법과 의지의 관계가 설정되어야 한다. 주권은 바로 이 둘을 연결하는 핵심이다. 즉 주권을 통해 의지가 곧 법이 되는 셈이다. 그런데 여기에서 의지란 신의 것이 될 수는 없다. 하느님의 의지는 언제나 분명하게 드러나는 법이 없고, 그의 조언은 대개 불가해하다. 결국 그 의지란 바로 인간의 의지다. 법은 자연과 자연의 질서로부터 나오는 것이 아니다. 신의 의지와 마찬가지로 자연이라는 걸작의 본질 또한 불가해하기 때문이다. 법은 인간적 뿌리를 갖는다. 법을 말하는 주권자는 신법과 자연법을 존중하게 되어 있지만, 주권자는 자신의 의지에 대한 유일한 심판자이므로 그가 신법과 자연법을 존중해야 함을 강조하는 것은 수사일 뿐이다.

법은 인간적 의지의 표현이며, 그 원리에 있어서 보편적이고, 또한 복종을 내포한다. 법은 한마디로 자신의 권력을 이용한 주권자의 명령과 다름없다. 이러한 관점에서 국가가 지배한다는 것, 주권이 지배한다는 것은 곧 법이 지배한다는 것이다. 그런데 이 법의 통치는 정의로움과 권리의 공평성을 보장한다. 훌륭한 국가는 안정된 질서를 유지하는 국가이며, 그 질서란 공공선, 즉 정의로움과 공평성이 실현된 상태다.

결국 주권의 발명이 어떤 의미를 지니는가에 대한 답은 다음과 같다. 무엇이 정의인지 결정하는 것은 이제 인간의 의지다. 이러한 의미에서 보댕이 말하는 법과 권리의 구분을 이해할 필요가 있다.

> 권리와 법은 같은 것이 아님을 분명히 할 필요가 있다. 권리에서는 공평성이 강조되지만, 법은 명령을 수반한다. 법이란 주권자가 권력에 의해 내린 명령과 다름없기 때문이다.(제1서 8장, 이 책 98쪽)

보댕이 말하는 '정당한 통치'란 정당하고 공평한 권리가 바로 법에 의해 그리고 법 안에서 정해지는 것이다. 그런데 법은 주권자의 의지다. 그러므로 권리를 보장하는 통치란 법에 의한 통치이고, 결국 주권자의 의지에 의한 통치인 것이다. 보댕을 위시한 근대 정치사상가들이 이루어낸 혁명은 이렇듯 인간의 권리를 의지에 종속시키는 것, 다시 말하면 권리를 법에 종속시키는 것이었다. 이러한 작업은 얼마 후 홉스에 의해 완성된다. 이러한 일은 기독교적 전통에서 보자면 신성모독적인 것이다. 자연법이 간여할 최소한의 여지도 남겨두지 않기 때문이다. 정부 혹은 정부의 형태에 대한 시각은 분명해졌다. 정부는 자신의 의지를 행사하는 주권자가 만들어낸 관료들의 집단으로서, 모든 사안에서 공평성을 관철시키는 것을 목적으로 한다. 이러한 정부의 형태는 오직 한시적으로만 설정되며, 그 결정자는 주권자다.

보댕은 자신이 주권의 분할 불가능성과 절대 권력의 분할 불가능성이라는 대단히 혁신적인 개념을 도입했다는 사실을 자각하고 있었을까? 아마 아닐 것이다. 그는 단지 모순으로 가득 찬 일관성 없는 이론과 관행을 바로잡겠다고만 생각했을 것이다. 그리고 자신이 제시한 절대 권력에 대한 여러 제한 장치들이 자신의 정치 이론을 전제정과 정반대되는 곳에 놓이게 해준다고 생각했을 것이다.

(3) 주권의 분할 불가능성

이론의 장에서건 정치적 실천의 장에서건 주권은 국가의 통일과 결합을 이루어내는 힘이다. 주권이야말로 국가를 하나의 공적인 결합체로 만드는 힘이다. 정치사상가 르 브레의 표현대로 "주권은 기하학상의 점만큼이나 분할 불가능하다".[67] 한마디로 주권은 완벽한 통일성을 요구하며, 이 통일성은 주권의 분할을 용납하지 않는다.

　보댕에 의하면 주권은 그 본성상 나눠 갖기가 불가능하다. 국가 형태에서 혼합체제를 논의하는 것 자체가 모순인 셈이다. 분명한 것은 주권의 소재와 권력의 행사에 대한 구분이다. 즉 국가의 형태와 정부 형태를 구분해야 한다는 말이다. 혼합체제의 국가는 존재할 수 없지만 혼합체제의 정부는 가능한 것이 이 때문이다. 국가와 정부의 구분은 사실 보댕의 사상에서 획기적인 측면이다. 국가의 형태는 최고 권력, 즉 주권의 귀속을 정하는 형태이며, 정부의 형태는 주권의 운영 방식에 따라 달라진다. 국가 형태와 정부 형태 모두 군주정과 귀족정과 민주정으로 나뉜다.[68] 그러나 법제적 측면에서 국가의 본질, 즉 주권은 결코 나뉠 수 없다. 국가는 본질적인 통일성이 깨어질 수 없는 법제적 체제다. 이중적인 국가 체제는 주권의 통일성을 와해시킨다. 어떤 형태의 국가와 정부이건 두 개의 머리를 가진 정치체는 괴물과 다름없다. 신교도 이론가들의 주권 분할과 제한된 정부에 관한 주장에 대한 보댕의 입장이란 불 보듯 뻔한 것이었다.

　이러한 입장은 국가의 형태 구분에 대한 보댕의 분석에도 그대로 투영된다. 철학자들의 세련된 사변을 거부한 채 그는 오직 세 가지 형태의 국가만을 상정한다.

　오직 한 명이 주권을 가지고 있을 때 이를 군주정이라 부른

다. 전체 인민이 주권을 소유할 때 그것은 민주정이며, 일부
인민이 집단적으로 주권을 가질 때는 귀족정이다.(제2서 1장)

플라톤이 제시한 다양한 혼합, 즉 폭정이나 과두정, 중우
정치 등은 일종의 우연적인 상태일 뿐 정치학적인 개념이 될
수 없다. 누누이 강조하듯이 주권은 오직 하나이고 분할 불
가능하므로 체제를 혼합하거나 주권을 나눠 갖기란 불가능
하다. 혼합체제적인 국가는 그 자체로 논리적·정치적 모순
이다.

보댕은 주권의 소재를 근거로, 그리고 한 국가의 형태와
땅·관직·명예의 분배 원리를 근거로 한 정부 형태를 구분한
다. 그 결과 이론적으로는 왕정 국가도 귀족적 방식은 물론
민주적 방식으로도 통치될 수 있게 되었다. 그러나 보댕이
이러한 구분을 시도한 것은, 권력과 관직이 배분되더라도 이
권력들은 궁극적으로는 주권자에게 귀속되며, 그러한 분배
조차 주권자의 의지에 따른 것임을 입증하기 위해서였다. 관
직 보유자와 귀족들의 권력은 사유재산권에 따라 주어지는
것이 아니라 주권자에 의해 양도되는 것이다. 이러한 점에서
국가와 정부의 구분은 보댕의 봉건적 무질서에 대한 공격을
강화해준다. 정부 형태와 국가 형태의 구분은 정치적 권력에
대한 분석과 이론 수립을 위해서라기보다 군주의 권위를 신
장시키고 유지시키는 실천적인 목적을 지닌다.[69]

주권 군주는 하나뿐이자 분할 불가능한 권위를 지닌 자이다. 만일 주권 군주가 자신의 권리를 혹은 그것의 일부를 한 신하에게 양보한다면, 그는 자신의 종을 동료로 만드는 꼴이 되며, 더 이상 주권자가 아니게 된다. 주권자는 모든 신하들에 의해 일반적으로 지켜지는 올바른 명령을 내리는 자다. 국가의 정부 형태가 어떤 것이건, 주권자의 이름이 어떤 것이건——군주이건, 인민이건, 의회이건——주권의 본질이 바뀌는 것은 아니다. 진정한 주권 군주의 초상이 준 교훈 그리고 루아조에서 루소에 이르기까지 사상가들이 물려받은 이론, 그것은 주권의 분할 불가능한 통일성이다. 즉 주권은 언제나 '하나'다.

국가 권력의 분할 불가능성이라는 테마에서 드러나는 정치가 보댕의 의도는 파악하기 어렵지 않다. 보댕은 세이셀이 옹호한 혼합정부론[70]을 과격하게 배격한 사람이었다. 국가의 권력이 절대적인 것은 그 권력이 분할 불가능하기 때문이다. 모든 영역에 걸쳐 법을 제정하고 폐기하는 권한을 지닌 주권은 공공질서와 시민 사회의 권위를 반영하는 중앙집권적인 법률제일주의를 내포한다. 보댕이 국가론을 집필한 동기 중의 하나는 신교도의 저항 운동에 의해 극적으로 구현된 내란과 반란의 위험에 맞서 군주의 권력을 강화하려는 것이었다. 그러나 동시에 보댕은 국가의 구조, 관직 체계 그리고 특권 체계에 따른 불공평한 분배를 개혁하기를 원했다. 군주의 절대적인 주권적 권력을 옹호했음에도 불구하고 그는 분명 어떠한 과세도 삼부회의 동의 없이는 이루어질 수 없다고 강조했다. 그는 이로써 자신이 삼부회의 역할을 강화하고 있다고 믿었지만, 사실상 그의 주권 이론은 분할된 정치체에 통일성을 부여하는 왕정의 역할을 강조하는 것이었다.

보댕의 주권의 분할 불가능성 이론에 논리적인 비일관성이 존재한다 하더라도 이 이론은 분명 프랑스의 조건에 적합하도록 제시된 것이다. 보댕이 주권 이론을 수립하려 한 것은 단순히 신교도의 반란을 진압하기 위해서가 아니라 프랑스의 내재적인 구조적 문제와 그것의 정치적 분화를 해결하기 위해서였다고 볼 수 있다. 제3신분에게 유리하도록 전통 귀족의 힘을 상쇄시키기를 원했건, 아니면 상호 경쟁적인 사법권의 무정부 상태에 질서를 부여함으로써 지배 계급을 강화하고자 했건 간에 그는 특수하고 준봉건적인 권력들을 왕정에 집중시키고자 했고, 귀족의 특권과 관직 또한 사유재산권에 의해서 그 소유자의 것이라는 시각을 부정하고 귀족들을 주권적 권위에 의존하지 않으면 안 되는 존재로 규정했다. 게다가 여기서 문제는 최고 권력의 소재뿐만 아니라 통일성, 즉 지역과 여러 공동체적 분할 체계 속에서의 통합의 원천인 통일성의 소재였다.

가족과 단체, 공동체 등 모든 구성원을 결합시키는 주권 없는 국가는 진정한 국가가 아니다. 도시국가를 형성하는 것은 도시도 아니고 그곳의 거주민들도 아니다. 주권적 지배자 아래에서 이들이 통일될 때에 비로소 국가가 형성된다.(제1서 2장)

보댕의 절대적 주권 개념은, 봉건적인 유제遺制들에 대한 공격이면서도 여전히 봉건적이고 법인체적인 원칙에 따라 조직된 정치체를 가정하고 있는 것처럼 보인다. 그렇다면 우리는 보댕이 그토록 권력의 분할 불가능성을 강조한 이유를 이해할 수 있다. 국왕이 의회와 주권을 나누는 대의 제도는 보댕의 주권적 권력이 극복하고자 하는 정치적 분화와 법인체의 분할을 심화시킬 것이었다. 그러나 보댕은, 영국처럼 세분화된 법인체로 나뉘지 않고 통일적인 대의체에 의해 국가에 편입된 사회, 근본적으로 다른 방식으로 조직된 사회를 구상하지는 않았다. 그러나 분명 그의 주장은 특정한 법인체적 원리를 강화하기 위해 고안되었고, 그러한 법인체를 사회적 결속을 유지하는 데 근본적인 것으로 간주했다. 주권의 기능은 이러한 필수불가결한 특수성들을 통합하고 조화를 유지시키는 것이었다.

분할 가능한 주권 개념과 제한정부론은 근본적으로 분리되고 세분화되지 않은 정치체에서만 발전할 수 있다.[71] 영국처럼 귀족이 이웃 국가들에 비해 상대적으로 균일화되어 있고, 도시들이 대륙의 도시 코뮌과 같은 정치적 자율성을 결여한 채 중앙권력에 예속되어 있고, 지역과 신분에 따라 내적으로 분리되지 않은 재산 소유자의 공동체를 전국적인 의회가 대표하고 있는 나라, 그래서 봉건적 중앙집권화를 이룬 그런 나라에서만 발전할 수 있는 것이다. 아마도 영국 의회의 이러한 통일성이 덜 위협적이고 더 효과적인 분할 주권을 만들어냈을 것이다. 어쨌든 영국에서는 의회가 아주 일찍 입법권을 획득했고, 결과적으로 보댕이 주권 군주에게 집중시키려 했던 힘이 왕과 의회 사이에 나누어졌다. 이와는 대조적으로 국가의 지역적 분화와 귀족의 권력 분화에 기반을 둔 프랑스 왕정은 대의체에 의한 제한으로부터 자유로운 상태로 남아 있게 되었다. 요컨대 보댕의 주권 개념은 프랑스의 역사적 조건에 정확하게 들어맞는 것이었던 셈이다.

국왕을 위해 봉사하던 법률가들이 꿈꿔왔던 국가의 독립성은 주권 개념을 통해 달성되는 것처럼 보였다. 보댕이 말하는 주권은 법 제정의 권한을 내포한 것인 만큼 과거의 왕권 개념과는 본질상 전혀 다른 것이었다. 주권은 특권들의 종합이 아니라 합법적인 강제권이었고, 이것 없이 국가라는 함선은 존재할 수 없었다. 세속적 권위를 정당화하는 논리는 보댕이 최선의 국가 형태라고 주장한 왕정에서 가장 완벽하게 구현된다. 국가를 둘러싼 모든 신비가 사라졌고, 보댕은 프랑스 왕위의 영속성을 위한 이론적 기초를 제공했다. 국가의 기둥인 주권 이론이 확립되었다는 것은 주술사 왕들의 시대가 결정적으로 과거의 것이 되었음을 의미한다.

(4) 신과 주권자―주권의 세속성

절대적인 주권이라고 해서 자의적으로 행사되는 것은 결코 아니다. 보댕의 주권자는 신법과 자연법을 거스를 수 있는 존재가 결코 아니다. 또한 프랑스의 왕에게는 반드시 지켜야 할 왕국의 기본법, 즉 여성의 왕위 상속을 금지하는 살리카법이 있다. 이 법은 왕위 자체에 결합되어 있고, 나아가 그 전통 속에 신법과 자연법을 포함하고 있다. 결국 주권 군주가 이러한 법을 위배한다면 그것은 '신에 대한 반역죄'를 범하는 것이 아닐 수 없다. 군주는 함선의 선장과 마찬가지로 왕국의 주인이기는 하지만, 어디까지나 신 다음가는 주인인 셈이다. 사실 주권자는 일반법에는 결코 구속되지 않는다. 다시 말해 자신이 만든 국가의 실정법으로부터 자유롭다. 이는 주권의 본질이다. 하지만 그렇다고 해서 주권자에게 자연법도 거스를 수 있는 자유가 부여되는 것은 아니다. 그래서 군주는 자신이 행한 "정당한 계약과 약속은 맹세와 관계없이 지켜야 한다"(제1서 8장, 이 책 64쪽). 군주는 결코 법에 구속되지 않지만 약속을 지킨다는 것은 도덕의 문제이기 때문이다. 요컨대 약속 이행은 도덕적 규범이지 법적 강제 사항은 아니다. 이러한 도덕적 규범 뒤에 자리 잡은 것은 바로 질서와 올바름과 미덕의 규범이자 원천인 신법이다.

그러나 군주가 약속을 지켜야 하는 의무를 지닌다고 한다면, 그가 왕위에 오르면서 행한 서약의 경우는 어떻게 보아야 할까? 왕의 축성식에서 행해진 서약, 즉 기존의 법을 지키겠다는 서약과 관련해서 보댕은 그것이 결코 의무가 될 수 없다고 주장한다. 이러한 그의 주장은 법과 계약의 구분을 통해서 뒷받침된다. 보댕이 약속이나 계약을 준수해야 한다는 명제 자체를 부정하는 것은 물론 아니다. 계약은 쌍방의 계약 당사자들을 서로 결합시킨다. 계약은 군주와 신하 사이에 체결된 것이라 해도 쌍방 모두에게 일정한 의무를 규정하며, 이 의무는 개인에게도 주권자에게도 동일하게 요구된다. 다만 보댕은 약속을 더 이상 지켜야 할 이유가 사라졌을 때, 왕의 경우에는 그가 지키기로 서약한 법의 공적 효용성이 사라졌을 경우를 강조함으로써, 축성식의 서약이 주권의 절대성을 제한하는 것이 아님을 입증하려 한다. 나아가 계약은 그 주체가 국왕일지라도 계약 당사자들 간의 상호 의무를 요구하지만, 법은 오직 주권자에게 종속되므로 입법권을 지닌 주권자를 구속할 수는 없다. 즉 입법 행위는 본질적으로 계약과는 다르다. 성실함에 관한 윤리적 가르침은 맹세나 계약에 대한 법적 의무와는 다른 차원이다. 이 때문에 주권 군주는 "선왕들의 법을 수호하겠다는 맹세를 결코 하지 않으며, 만일 반드시 그래야 한다면 그는 주권자가 될 수 없다"(제1장 8서, 이 책 66쪽). 법은 주권자의 명령이며 의지의 표현일 뿐이다. 결국 프랑스의 법령에 첨가된 영속성의 구절이 법을 지켜야 하는 약속의 증거로 간주될 필요가 없는 셈이다.

동시에, 주권 그 자체와 종종 혼동되는 주권 군주가 유일한 입법자라는 사실은, 국왕의 개인적 권력과 어쩌면 전제주의를 낳을 수도 있는 온갖 탐욕을 옹호하고 정당화하는 것일 수 없다. 물론 법은 주권적 권위가 내린 명령과 다름없으며, 그것은 왕정하에서 군주의 명령에 해당한다. "짐의 뜻이 그러하노라"라는 군주의 의지의 표현은 모든 칙령을 정당화한다. 주권자가 내린 결정은 모두 정당하며, 이에 대해서는 의문의 여지가 존재하지 않는다. 군주의 주권은 공적 질서를 창조하는 유일한 원리가 아니던가. 이쯤 되면 중세부터 꾸준히 왕권의 확대를 추구해왔던 법률학자들의 소원을 보댕이 이루어주었다고 말할 수 있지 않을까? 그러나 입법권은 국가의 본질로서의 주권적 권위로부터 파생되는 것이지 과거의 국왕들이 지녔던 왕의 특권에 포함돼 있던 것이 아니다. 다시 말해서 법을 제정하고 폐기하는 권한이란 군주의 사적인 인격에 결부된 특권이 아니다. 그것은 군주가 구현하는 국가의 주권적 권위의 표식일 뿐이다. 군주는 주권과 법을 결합시킨다. 그래서 용어상의 혼란과 그것이 주는 인상에도 불구하고 보댕은 왕의 사적 인격과 왕국에서의 주권자의 기능을 근본적으로 구분한다. 즉 보댕은 '왕의 두 신체'를 구별하고 있는 것이다. 왕은 물리적이고 개별적이고 사적인 인격체로서는 군주이지만, 국가라는 법제적 총체의 대변자로서는 주권 군주다. 군주정에서 왕의 사적 인격과 공적 인격을 혼동하는 것은 모순이다. 양자가 서로 다른 목적을 가지고 있기 때문이다. 왕의 사적 인격이 자신의 고유한 이익을 추구하는 반면 공적 인격은 온전히 공공선을 추구한다. 군주정에서 왕은 주권의 보유자이면서 그 주권을 공공의 이익을 위해 사용한다. 그 밖의 다른 태도나 일탈은 정치적 속임수에 불과하다. 결국 입법자인 주권 군주는 결코 자신의 사적인 의지에 따라서 법을 제정하는 것이 아니다. 그의 '전적으로 자유로운 의지'란 사실 자신이 '표상'하는 국가의 의지인 셈이다. 법을 제정하면서 군주는 공적 권력인 왕권을 표출한다. 주권의 일부인 입법권은 근대 국가의 권위, 즉 합법적이며 정당한 강제를 표현한다.

그런데 이 입법권은 언제나 '신법과 자연법'에 의거하여 행사된다. 어떠한 인간의 법도, 어떠한 군주의 특권도 이 원칙을 거스를 수 없다. 군주는 영원히 신의 종일 것이다. 그래서 "정의가 법의 목적이고 법 제정이 군주의 몫이라면, 군주는 신의 이미지다. 이러한 증언의 논리적 귀결은 군주의 법이 신법을 모델로 하여 만들어진다는 것이다".(제1서 8장, 이 책 107쪽)

철학적인 견지에서 '근대적' 주권 이론이 보댕에 의해 수립되었다는 점은 분명하다. 하지만 이미 밝혔듯이 주권의 개념 그 자체는 그다지 새로운 것이 아니다. 그것은 이미 중세에 교회법 학자들에 의해 지속적으로 연구되었다. 그렇다면 보댕의 주권 이론이 지닌 '근대성'의 정체는 무엇일까? 이 물음에 대한 답이 보댕의 국가 개념과 주권 개념의 가장 핵심적인 내용이 될 것이다. 보댕의 이론은 바로 권력의 세속성을 말했다는 점에서 근대성과 통한다. 다시 말해 보댕은 권력의 신성성에 근거한 정치적 차원을 세속적 권력에 근거한 새로운 질서, 즉 국가로 대체하려 했다. 주권의 근대적 특징은 바로 주권 개념의 역사적이고 세속적인 차원, 즉 인간적 차원에 있다. 국가는 역사적 형성물이며 "힘과 폭력"(제1장 6서)에 기반을 두고 있다. 주권은 신법과 자연법이 실제 권력이 아니라 단지 선언적인 것이 될 때에만 비로소 존재한다. 보댕은 주권의 행사를 신법과 자연법에 종속시켰을 때조차 기독교적인 전통과 연결시키는 것이 아니라 모세의 율법을 언급할 뿐이다. 《국가론》이 멋들어지게 그 개념적 구조를 보여준 주권 국가는 그래서 기독교적 정치의 차원이 아니다. 보댕의 국가는 결코 기독교 국가가 아니다. 그것은 본질적으로 세속적인 국가다. 이 때문에 보댕이 제시하는 국가에는 종교에 대한 관용이 존재한다.

그렇다면 보댕은 왜 신법을 언급하는 것일까? 보댕은 "군주의 법이 신법을 모델로 하여 만들어"(제1서 8장, 이 책 107쪽)지며, 주권자가 도덕적으로 신법과 자연법의 제한을 받는다는 사실을 되풀이해서 강조한다. 그러나 신법에 대한 보댕의 언급은 주권의 원칙을 제한하기 위한 것이 아니라, 단지 주권의 행사를 제한하기 위한 것이다. 신법과 자연법에 대한 그의 언급은 결코 기독교 전통과 결부되지 않으며, 언제나 유대의 전통과 결부된다. 1,000페이지가 넘는 그의《국가론》에서 신약 성서의 구절이 한 번도 인용되지 않는다는 사실은 그런 점에서 시사적이다. 이 책에서는 그리스도의 이름이 모세의 이름에 가려 단 한 번도 빛을 발하지 못한다. 모든 권력은 하느님으로부터 유래한다고 로마인에게 편지를 썼던 바울의 말 대신 보댕이 인용하는 것은 〈신명기〉의 구절뿐이다. 그는 자신의 주권론을 제시하면서 교회와 기독교의 영적 권력에 의지하지 않고 히브리인과 그리스인 그리고 로마인에게 의지할 뿐이다.

주권은 역사적이고 세속적인 질서의 문제이며, 그 본질과 정의에 있어서 인간적인 문제이며, 그래서 의지의 문제다. 물론 보댕은 영적 주권의 존재를 부인하지 않는다. 그러나 보댕이 이러한 영적 주권을 인정하는 것은 영적 주권이란 그 정의상 세속적 질서에 대해 어떠한 영향력도 행사할 수 없기 때문이다. 인간과 사물에 대한 지배를 의미하는 임페리움은 문자 그대로 경험적인 세상을 지배하는 인과 관계의 원리에서 유래한다. 즉 주권은 역사적이고 인간적인 질서에 해당하는 것이다. 그리고 그것은 역사적일 뿐만 아니라 자연적이기도 하다. 보댕은 국가에 대해 사유하면서 자연 질서의 한 부분을 이루는 인간 사회의 질서를 상정했다. 물론 자연의 위대한 창조주인 유일신의 존재는 분명한 사실이다. 《국가론》에서 보댕은 군주가 신법과 자연법에 복종해야 한다는 말을 하지만, 《국가론》 어디에도 자연법과 신법이 주권의 정의에 개입한다는 말은 없다. 주권의 본질에 신법과 자연법이 참여할 여지는 없는 것이다.

많은 사람들이 주권 군주에 대해, 분명한 이유 없이 결코 신법을 거스르는 행위를 명령할 수 없다고 이야기해왔다. 그러나 이 또한 잘못된 견해다. 도대체 신법을 거스를 만한 이유라는 것이 무엇이란 말인가?(제1서 8장, 이 책 90쪽)

군주의 절대적인 권력과 주권적 영주권은 결코 신법과 자연법을 침해하지 않는다.(제1서 8장, 이 책 63쪽)

물론 신법과 자연법이 군주에 대해 어떠한 영향력도 행사하지 않는다는 것은 아니다. 오히려 그 반대다. 보댕은 주권자의 덕성에 대한 의무를 강조하고 또 강조한다. 억지이자 모순인가? 그렇지 않다. 신법과 자연법은 주권자를 제한하지만 주권을 제한하지는 않기 때문이다.

게다가 신법과 자연법은 주권자를 제한하지만 결코 주권

자를 비난하지는 않는다. 주권자는 덕성을 갖출 필요가 있다. 다시 말해 신법을 존중해야 한다. 그러나 만일 주권자가 신법을 부정한다면 누가 그것을 판단하고 그를 단죄할 것인가? 누구도 그럴 수 없다. 신께서 폭군을 벌할 것이다. 분명한 것은 그 일이 결코 인민의 몫이 아니라는 점이다. 군주가 존중해야 할 신법이 존재해야 하는 이유가 여기에 있다. 그러나 세속적인 질서 안에서는 그 누구도 도덕성 결여를 이유로 군주를 합법적으로 비판할 수 없다. 요약하자면 선한 군주는 덕성을 갖추어야 하지만, 군주의 양심 외에는 그 어떤 것도 그에게 덕성을 강요할 수 없다.

그러나 만일 군주가 살인을 금지하고 살인자를 사형에 처한다는 법을 제정하면, 군주 자신은 이 법에 구속될 것인가? 분명히 말하지만 (살인과 관련된) 이 법은 왕이 만든 것이 아니라 신께서 만드신 법이자 자연의 도리다. 그러므로 왕은 그 어떤 신하보다도 더 이 법을 지켜야 하며, 원로원도 인민도 이러한 도리로부터 군주를 자유롭게 할 수 없다. 왕은 언제나 신의 판결에 대해 책임을 져야 한다. 솔로몬의 말대로 신은 매우 엄정하게 이를 가르쳐주신다. 법관이 개인을 재판하듯이 왕은 법관을 재판하고, 그 왕을 재판하는 것은 바로 신이라고 마르쿠스 아우렐리우스가 말하지 않았던가.(제1서 8장, 이 책 88~89쪽)

결국 보댕이 주권을 자연법과 신법에 의해 제한하려 했다는 일반적인 설명은 완전한 오해이거나 부정확한 것이다. 보댕은 주권이 자연법에 종속된다고 보지 않았고, 정반대로 주권이 국가 권력의 세속적인 기초 위에 세워진다고 보았다. 본질적으로 주권은 무제한적이며 어떤 한계도 지니지 않는다. 오직 주권자만이, 좀 더 정확히 말하자면 주권의 행사만이 자연법에 의해 제한된다. 그래서 자연법에 대한 군주의 종속을 이야기했음을 들어 보댕이 주권을 제한했다고 결론 짓는다면 이는 사물의 본질과 외면적 특징을 혼동하는 것이다. 보댕이 자신의 이론을 제대로 이해시키기 위해서 사물의 진정한 본질과 그저 그렇게 보이는 것들을 서로 혼동하지 말라고 계속해서 독자들에게 주의를 주는 것도 이 때문이다. 또한 보댕이 아리스토텔레스를 비판하는 이유도 바로 여기에 있다. 아리스토텔레스가 국가와 정부를 혼동했으며, 사물의 정의는 고려하지 않은 채 그것에 대한 묘사에 치중했다는 것이다. 보댕에 따르면 이러한 오류는 "백 가지 묘사도 사물의 본질과 성격을 밝혀주지 못한다"(제3서 2장)는 것을 터득하지 못한 데에 기인한다.

주권은 무제한적이며 어떤 구속도 용납하지 않는다. 주권은 그 자체로서 완벽하며, 주권을 판결할 수 있는 현실적인 그 어떤 상위의 힘도 존재하지 않는다. 그러나 절대적인 주권이 비도덕적인 주권자를 정당화하는 것은 아니다. 이 점에서 보댕이 신법과 자연법에 복종하는 군주의 모습을 그토록 강조한 이유를 이해할 수 있다. 보댕은 군주가 지켜야 하는 도덕법과 이성의 우월성을 고려하지 않은 채 무제한적이며 완전한 권력으로서의 주권을 주장한 것이 아니다. 군주는 바로 도덕법과 이성을 존중해야 하는 첫 번째 백성이면서 그것의 수호자여야 했다. 군주가 '신의 이미지'라면 그것은 그가 지상에서 구현하고 있는 주권이 '세상의 왕자'인 신이 지닌 권능처럼 완전하기 때문이다. 그러나 신이 군주의 거울이라면 오직 신만이 그를 판결할 수 있다. 지상의 다른 사람은 그 누구도 주권자와 어깨를 나란히 할 수 없으며, 그를 판결할 수 없다. 다시 말해서 자연법과 신법에 대한 군주의 복종이라는 요소는 군주의 권한을 제한하기는커녕 오히려 군주의 무제한적인 권한을 정당화한다. 사실 보댕이 신법과 자연법을 들먹이는 것은 순전히 수사적인 것이며, 세속적인 질서인 정치의 영역에서 신법과 자연법의 영향을 제거하기 위한 것이다. 보댕이 일면 마키아벨리와 흡사해 보인다면 그것은 바로 그가 권력에서 신성의 토대를 제거하고 있기 때문이다. 주권이 본질적으로 세속적인 것이라고 한다면, 그것은 주권이 자연법과 신법에 토대를 두지 않고 있기 때문이다. 보댕의 군주가 신의 이미지라고 하더라도 군주는 권력을 신으로부터 물려받은 것이 아니다. 그가 구현하고 있는 주권은 신성하지 않다. 외면상 그럴 뿐이다. 선한 군주는 신법과 자연법을 존중하는 모습으로 묘사된다. 그러나 이러한 군주라 해도 그의 주권은 왕과 신을 연결시키는 기독교적 전통과 단절되어 있다. 보댕은 교회의 정치사상가들이 제시한 세속적 권력과 영적 권력의 구분을 거부한다. 주권이란 결코 영적 권력과의 관련 속에서 이해될 수 있는 성질의 것이 아니다. 보댕은 세속권의 자율성을 주장하며 영적인 문제는 군주 개인의 도덕의 영역으로 보내버렸다. "나는 오직 세속적인 주권만을 이야기할 것이다"(제1서 9장)라고 그는 명시하고 있다. 《국가론》에서 보댕이 겨냥한 것은 분명, 완전하게 세속적인 권력 개념을 기반으로 국가의 철학적이고 제도적인 기초를 닦는 것이었다.

이러한 주권의 조건에서 자연법은 공적인 질서의 영역 밖에 있다. 그것은 오직 주권자의 사적인 영역에만 관여한다. 즉 주권자의 영혼 또는 양심의 문제에만 관여한다. 이 때문에 보댕은 랭스에서 거행되는 축성식은 주권의 본질과는 관계가 없다고 단언한다. 군주가 기독교도여야 할 필요는 없다. 기독교인일 수는 있다. 그렇다면 다음과 같은 경우를 쉽게 상상해볼 수 있을 것이다. 비기독교도인 군주가 자연의 도덕을 존중하고, 자신의 말과 약속을 성실히 이행하며, 여러 신앙에 대해 관용적이라면, 한마디로 군주가 공정하지만 비기독교인이라면, 이러한 군주는 백성들과 조화롭게 존재하면서 그들에게 평화를 보장할 수도 있지 않을까? 물론 보댕의 군주는 비기독교도가 아니지만, 그가 제시하는 군주상은 이러한 상상에서 크게 동떨어져 있지 않다. 《국가론》을 세심하게 읽다 보면 놀라운 사실 한 가지가 보이는데, 바로 근대 국가의 건설을 위한 토대인 주권에는 기독교의 신이 부재한다는 사실이다. 보댕이 말하는 신법이란 모세의 계율을 의미한다. 주권 군주가 교황에게 복종해야 한다는 논리는 보댕에게서 완전히 거부된다. 보댕의 국가는 주권자가 제정한 법에 의해 질서를 수립하는 국가이지 신법을 따르는 국가가 아니다. 주권자의 법은, 물론 신법을 모델로 삼기는 하지만 분명 주권자의 의지에서 나온 것이다. 그 법은 순수하게 인간적인 것이다. 인간인 주권자의 순수하고 정직한 의지에서 비롯된 것이기 때문이다. 군주가 신법을 존중해야 한다는 것과 주권자의 법 사이에는 어떠한 연관성도 없다. 법은 오직 주권자의 인간적 의지에 의해 만들어질 뿐이다. 다만 인간의 의지를 본질로 한 그 법이 신법의 형태를 가질 수는 있다. 즉 왕이 신의 이미지임을 주장하는 것은 가능하다. 이것은 커뮤니케이션의 문제다. 자신의 의지를 백성들에게 전달해야 하는 군주는 신성이 인간과 소통하는 방식을 취해야만 한다. 이것은 겉으로 보이는 것의 문제이고, 상징과 커뮤니케이션의 문제이며, 통치, 즉 주권의 행사와 관련된 문제다.

이 세상의 왕자이시며 위대한 주권자이신 하느님께서는 당신의 진정한 이미지들인 지상의 군주들에게 그들이 백성들에게 어떻게 자신을 알려야 하는지를 가르쳐주셨던 것 같다. 그분께서는 소수의 선택받은 자들에게 꿈과 환시幻視를 통해서만 당신의 의사를 표명하시기 때문이다.(제4서 6장)

신성의 비유는 군주가 왜 자연법과 신법을 존중해야 하는지를 이해하게 해준다. 또한 주권자가 백성들과는 다른 존재라는 것, 군주가 신법과 자연법을 존중하는 만큼 군주의 명령은 절대적이고 그의 의지에 대한 백성들의 복종 또한 절대적이어야 한다는 것을 이해하게 해준다. 자연법과 신법은 주권의 본질에 관한 한 화려한 장식인 셈이다. 공정하고 선한 주권자의 자격을 특징지을 뿐 주권의 성격 자체에 영향을 주는 것은 아니니 말이다. "이름이 사물의 본질을 변화시키는 것은 아니다. 모든 사물의 진정한 정의를 얻기 위해서 수많은 우연적 요소들을 고려할 필요가 없다는 것은 틀린 말이 아니다."(제2서 1장)

권력의 세속적인 원리 위에 국가가 수립된다고 해서, 그리고 기독교적 정치가 제거된다고 해서 국가의 도덕적 목적이 부인되는 것은 아니다. 오히려 정반대다. "모든 국가의 첫 번째 근본 목적은 덕성이어야"(제4서 3장) 하는 것이다. 다만 보댕의 국가는 '국가 종교'나 '종교 국가'의 개념이 존재할 여지를 허락하지 않는다. 그러한 국가에서는 주권이 신법에 의해 존재할 것이기 때문이다. 결국 보댕은 자신의 책에서 국가의 본질을 구성하는 진정한 종교에 대한 논의를 배제한다.

나는 어떤 종교가 최선의 것인지를 결코 말하지 않을 것이다. 그러나 만일 진정한 종교에 대한 확신을 지닌 군주가 여러 분파로 분열된 백성들을 진정한 종교로 인도하려 한다면, 내 생각에 군주는 결코 강제력을 사용해서는 안 될 것이다.(제4서 7장)

《국가론》은 중세 기독교 정치를 완벽하게 제거했다고 볼 수 있다. 보댕의 이 놀라운 사고는 홉스에 의해 완성될 근대 국가, 세속적 정치의 토대가 되었다. 세속 국가 탄생의 진정한 관건은 신법과 자연법의 그늘에서 어떻게 벗어날 것인가 하는 문제다. 보댕은 주권의 본질로부터 신법과 자연법을 제거함으로써 이 문제를 해결한 셈이다.

4. 《국가론》, 절대주의의 바이블?

보댕의 주권 이론은 홉스의 《리바이어던Leviathan》을 거쳐 루소의 인민 주권 이론, 말베르크Raymond Carré de Malberg의 주권론[72]에까지 영향을 미쳤다. 보다 직접적으로는 보댕 시대의 프랑스와 영국의 정치사상에 영향을 주었다. 《국가론》은 영어로 번역되었고 케임브리지 대학의 교재로 사용되었다. 이것이 영국의 홉스나 필머가 군주제를 옹호하는 데 영향을 미쳤음은 의심의 여지가 없다. 보댕의 주권론은 주권자임을 자처하는 영국 왕이 실정법의 구속을 받지 않는다는 이들의 주장을 뒷받침하기에 충분했다.

그래서 보댕의 주권 이론이 유럽사에 어떤 영향을 미쳤는가 하는 질문에 부딪쳤을 때 가장 먼저 떠오르는 것은 바로 유럽의 절대주의를 둘러싼 일련의 정치 논리와 사상이다. 유난히 회고적 경향이 짙은 근대 정치사는 '구체제'라는 용어를 프랑스 혁명이 일어난 1789년에야 사용하기 시작했다. 역사학자 퓌레François Furet가 말하듯이 혁명은 자신이 파괴한 것에 이름을 지어준 셈이다. 이는 절대주의도 마찬가지다. 1797년에야 나타난 이 신조어는 제한 없는 권력을 행사하는 국왕을 중심으로 형성된 통치 체제라는 단순한 의미를 갖고 있었다. 그리고 그것은 박멸되어야 할 과거의 해악을 의미했다. 그렇다면 보댕은 절대주의라는 '악'의 탄생을 방조하거나 그 탄생에 동참한 자, 혹은 악의 한 근원쯤으로 여겨질 수 있을까?

《국가론》의 성격은 분명했다. 그것은 국가의 존재를 결정하는 개념으로부터 일반적인 국가의 원리를 정립하려는 것이었다. 그 개념이란 바로 주권이다. 그러므로 간단한 추론을 통해 우리는 주권이 주권자가 행사하는 권위의 형상이 아니라 국가 안에 존재하는 권력의 형상이라는 것을 알 수 있다. 본질적으로 주권은 주권자와 결부되는 것이 아니다. 루아조의 멋진 표현을 빌리면 "주권은 국가에 존재를 부여하는 형상이다"[73]이다. 주권은 그래서 국가와 결부되며 사실 국가의 본질이기도 하다. 물론 주권이 주권자의 손에 있다는 것은 당연한 이야기다. 왜냐하면 주권은 자신을 보유할 인격적 대상을 필요로 하기 때문이다. 사실 국가의 구성적 본질인 주권이 자신을 구현하고 자신을 실행할 인물 없이 존재한다는 것은 상상할 수 없다. 그러나 그렇다고 해서 주권이 주권자——그것이 인민이건 군주이건——의 소유물인 것은 결코 아니다.

주권을 본질로 하는 국가의 구체적인 모습은 역사 속에서 매우 다채로운 변화를 보여주었다. 즉 다양한 형태의 주권 표현 방식이 존재한다는 이야기다. 국가는 그 구조와 제도에 따라 다양한 형태를 취하므로, 우리는 그 유형들을 구분할 필요가 있다. 보댕은 자신이 분석한 다양한 형태의 국가들에 대한 가치 판단을 주저하지 않는다. 플라톤이 처음 제기한, 최고 형태의 국가란 어떤 것인가 하는 케케묵은 문제를 새삼스레 끄집어내면서 보댕은 왜 여태 이 문제를 엄정하게 검토하지 않았는지 놀라움을 감추지 않는다. 보댕은 이 까다로운 문제에 답하기 위해, 다양한 형태의 국가가 지닌 구체적인 장점들을 가늠해본다. 그 결과 보댕이 주장하는 최고의 국가 형태는 바로 왕정 체제다. 보댕은 왕정 체제가 지닌 장점을 입에 침이 마르도록 칭송한다. 바로 이 점, 즉 보댕이 왕정 체제를 예찬했다는 점이 '절대주의자 보댕'이라는 선입견을 고착시켰다.

보댕은 주권을 구현하는 자는 오직 하나여야 한다고 보았다. 하나뿐인 우두머리만이 여러 사람들을 결합시킬 수 있는 것이다. 다수를 결합시키고 통일성을 부여하는 것은 바로 주권 안에서 이루어진다. 물론 그 '하나'가 반드시 군주여야 하는 것은 아니다. 그것은 '영주들의 집단'일 수도 있고 전체 인민일 수도 있다. 주권자의 형태로는 세 가지가 있을 수 있다. 주권자가 단 한 사람인 경우, 몇몇 사람인 경우 그리고 모든 사람인 경우다. 이 세 가지 주권자 형태에 따라 국가 형태는 군주정 국가, 귀족정 국가, 민주정 국가로 나뉜다. 국가는 오직 주권이 존재할 경우에만 존재하며, 이 주권은 합법적으로 국왕 또는 영주들 또는 전체 인민에게 속할 수 있다. 이것이 보댕이 정의한 근대 국가 이론의 기본 테제다. 보댕은 세 가지 국가 형태 중에서 군주정을 가장 이상적인 것으로 보았다. 보댕에게 있어 좋은 국가의 표준은 군주정, 무엇보다 프랑스의 군주정이었다. 그가 볼 때 프랑스의 왕정은 정통성을 지닌 유럽의 모든 군주정 가운데서 단연 최고였다.[74]

사실 보댕이 제시한 '오직 하나인 주권'이라는 개념은 한 명의 군주에 의해 구현될 때 개념적으로 가장 잘 부합되었다. 즉 군주정에 가장 잘 부합되었다. 따라서 군주정을 지지하는 보댕의 입장은 확고했다. 그는 '하나'인 주권을 몇 사람이 보유하는 경우에 문제가 싹트며, 그 주권을 전체 인민이 보유하는 경우에는 어려움이 절정에 달한다고 보았다.[75] 민주정은 그 속성상 가장 많은 문제를 내포하고 있는 정치체제였고, 심지어 최선의 상태에서도 불안정한 것이었다. 궁극적으로 민주정은 이론적으로는 존재하지만 현실적으로는 불가능하다는 것이 보댕의 생각이었다.[76] 귀족정은 민주정의 폐단 가운데 어떤 것은 피할 수 있지만 그렇다고 해서 문제가 없는 것은 아니었다. 귀족정은 본래 당파적이었다. 게다가 민주정과 마찬가지로 정치적 성공의 열쇠인 비밀성과 신속성을 결여하고 있었다.

이렇듯 군주정의 우수성을 확신했던 보댕은 절대주의 사상가인가? 그의 《국가론》을 절대주의의 바이블로 간주할 수 있을까? 보댕이 절대주의의 길을 개척했는가 하는 것은 민감한 문제다. 영구적이고 절대적이라는 그의 주권 개념에 주목한다면 그리고 왕정이 최고의 국가 형태라는 그의 주장을 고려한다면, 그가 절대주의의 개척자라고 답하기 쉽다. 절대왕정의 요점들이 이미 보댕의 정치사상 속에 자리 잡고 있던 것은 사실이다. 법의 주인이자 주권의 유일한 소유자로서 홀로 공적 질서를 결정하는 군주는 전체 백성의 복종을 요구하며 "자신의 의지를 실현시키기 위해 필요한 모든 것에 대해 절대적인 권리"[77]를 지닌다. 보댕은 심지어 군주를 국가의 심장으로 간주하고, 왕국의 모든 조직은 군주로부터 출발한다고 생각했다.《정치유서Testament politique》에서 리슐리외 Cardinal de Richelieu 추기경이 그려낸 과장된 절대주의는 그래서 보댕에 의해 이미 한 번쯤 초벌 그림이 그려진 것처럼 보일 수도 있다. 보댕의 논리를 발전시킨 절대 왕정 예찬자들은, 단순한 정의의 집행자가 아니라 입법자로서의 군주의 개념, 헌정 질서가 아니라 혈통에 입각한 왕위 세습 그리고 고등법원이나 삼부회 같은 경쟁적인 기구들에 대한 의도적인 배제를 강조했던 것이다.

그러나 절대 왕정 예찬자들이 제시한 왕정의 청사진은 극단적이고 너무 단순해 보이며,《국가론》에서 보댕이 제시한 왕정의 모습과는 거리가 있다. 보댕의 정치사상은 리슐리외 추기경이나 그의 저술가들이 제시한 명쾌하고 합리적이며 체계적인 절대주의 교리를 만들어내기에는 너무나도 풍부하다. 보댕이 절대적이며 영구적인 주권이라는 중심 개념에 따라 국가를 설명하려 했다는 이유만으로 그를 절대주의자로 정의하기는 힘들다. 사실 보댕의 사상은 중세 이론의 흔적을 지니고 있으며 절대주의 교리와는 여러 면에서 이질적이다. 보다 정확하게 말해서, 보댕의 주권 개념은 절대주의를 형성하기에는 불충분하며, 특히 그 개념이 지닌 비종교성은 본질적으로 종교적인 절대주의와는 거리가 있다.

주권에 대한 사유는 합리성을 수반한다. 아리스토텔레스주의적인 스콜라 철학이 지배하는 한 국가는 신비의 장막에 둘러싸여 있을 수밖에 없었다. 기하학과 기계론적 철학이 승리하면서 국가는 자신의 고유한 이성을 추구하는 존재로 부상하게 된다. 리슐리외에 따르면 올바른 정치는 이성의 주권을 표현하는 것이다. "만일 인간이 본질적으로 이성적인 존재라면, 본질적으로 이성이 지배하도록 해야 한다. 그것은 단지 이성 없이는 아무것도 해서는 안 된다는 차원이 아니다. 이성의 권위 아래 놓인 모든 이들이 이성을 경배하고 이성을 종교적으로 따르게 해야 한다."[78] 중앙집권적 국가는 모든 종류의 열정과 일탈을 금지하는 이성에 의해 인도되어야 한다. 주권 이론가인 르 브레는 1632년에 출간한 《국왕 주권론La Souveraineté du roi》을 통해 절대 왕정에서 기하학적 합리성과 통일성의 승리를 보고 있다. 이러한 통일성이 깨어지지 않기 위해서는 국왕이 왕국의 유일한 권위로써, 모든 권력을 통합시켜야 한다. 모든 것을 통합하고 스스로 통일을 이룬 주권은 오직 절대적인 권력으로서만 존재할 수 있고, 어떤 저항과 반대도 용납하지 않는다. 그것이 이루어지지 않으면, 왕정 국가는 붕괴의 위기에 처하게 된다.

보댕이 미래의 정치가 밟아야 할 길의 토대를 닦아놓은 것은 분명하지만, 그의 이론은 절대주의 신봉자들의 이론과는 분명 다르다. 보댕은 결코 홉스의 합리성을 공유하지 않는다. 그가 그리는 군주의 초상은 봉건제의 취약함이 초래한 위기를 극복하려는 그의 의지와 관련돼 있다.

절대주의는 국왕의 권력 강화 그리고 그 강화를 위한 제도화를 의미한다. 이 국면에서 우리는 장 보댕의 그 유명한 주권 개념 "영속적이며 절대적인 권력", 더 이상 나누어지지 않는 권력이자 모든 것은 통일하는 원리로서의 힘을 발견한다. 이 권력은 그것이 전체이건 개인이건 그 누구의 동의도 필요로 하지 않는다. 사실 보댕이 결코 열성적인 신성 연맹 가담자가 아니었다는 사실은 그리 놀랄 일이 아니다. 왜냐하면 《국가론》은 명백히 정치적이며 신성 연맹의 가톨릭 원리주의도 프로테스탄트의 반왕정 이데올로기도 거부하고 있기 때문이다. 왕정 예찬자들에게 의해 계승되고 발전될 보댕의 개념들은——비록 불완전하게 현실화되었을 뿐이지만——입법자 국왕의 개념을 강조하며 이를 고등법원이나 삼부회 같은 경쟁 위치에 있는 다른 제도로부터 분리시키고 있다.

그러나 보댕의 주권 개념은 절대주의를 설명하기에는 불충분하며 절대주의의 모든 특징을 포괄하지도 않는다. 보댕의 이론이 지닌 세속성은 절대주의의 종교적 차원을 결코 설명해주지 못하기 때문이다. 역사가 윌리엄 처치William Farr Church가 보여주듯이 보댕의 주권 개념은 이미 16세기 말에 이르러 왕정의 재신성화에 의해 추월당했던 것이다. 1625년 샤르트르의 주교 데탕프Léonore d'Etampes는 과감히 "프랑스의 왕이 불멸의 존재이며 신성한 무언가를 지니고 있음을, 신과 매우 흡사한 무언가를 지니고 있음을 믿지 않는 자는 존재하지 않는다…예언자들이 알려주었고, 사도들이 확인하고, 순교자들이 고백했듯이 국왕은 신에 의해 세워졌을 뿐 아니라 그 자신이 신이다"[79]라고 주장하고 있다. 몇 년 뒤 미래의 아카데미 회원이 될 발자크Guez de Balzac는 로마 황제를 위한 의례를 사용할 것을 권유하면서 루이 13세가 특히 성인의 자질을 지니고 있으며 그가 세례에 의해 부여받은 순수함을 결코 잃지 않고 있다고 확언하고 있다. 리슐리외 추기경의 국가 이성의 정치도 프랑스 정치사상의 세속화를 대변하기는커녕 오히려 국왕 신격화를 함축하며 신성한 프랑스 왕정의 의미를 부각시킨다.[80] 절대주의 시대의 가장 큰 특징은 바로 국왕의 신격화였다. 프랑스의 왕정은 이미 오래전부터 전통적으로 신성성을 인정받았지만, 역사가 리셰Denis Richet의 말대로 왕정의 기독교적 기원이 왕의 신격화의 원인은 아니었다. 중세 왕정이 사제직과 동화하기 위해 그리스도의 신성과 인성의 동시성을 강조한 반면, 종교전쟁 이후 등장한 왕권신수설의 절대 왕정은 그보다는 국왕의 신격화를 추구하면서 왕에 의한 국가의 인격화를 지향했다. 국왕은 신의 권위의 이미지로써 고양되었고, 국왕을 살아 있는 신으로 받드는 왕정의 의식이 발전하면서 왕국의 기독교적 전통에 덧씌워졌다. 국왕은 신에 의해 임명된 자가 아니라 그 자체로서 신이었다.[81]

고전주의 시대에는 보쉬에[82]가 절대 왕정을 숭배의 대상으로 만든다. 1709년에 출간한 《성서에 기반을 둔 정치*Politique tirée des propres paroles de l'Écriture Sainte*》에서 그는 군주의 인격 안에 개인들의 권력이 결집됨을 주장한다. "국가 전체가 군주 안에 있다…모든 완벽성과 모든 미덕이 신 안에 있듯이 개인들의 권력은 군주의 인격 안에 있다. 한 인간이 이 많은 것을 지닐 수 있다니 어찌 놀라운 일이 아닌가!"[83] 보쉬에는 보댕이 애써 구분하려 했던 주권과 주권자를 합쳐버렸다.

절대주의의 근간인 왕권신수설에 대한 보댕의 입장은 또 어떠한가? "신 이외에 주권 군주보다 더 강력한 것은 아무것도 없다…신께서 다른 인간들을 다스리기 위해 지상에 자신의 대리인들을 세우셨다"(1서 10장)라고 말하는 보댕은 주권의 신성한 기원에 관한 기독교적 논거를 취하지 않는다. 보댕은 모든 권력이 신으로부터 유래했다는 성 바울의 말을 의심하지 않는다. 아니 더 정확히 말하면 아예 언급조차 하지 않는다. 그가 볼 때 주권은 오로지 인간의 힘, 인간과 관련된 힘일 뿐이다.

게다가 보댕은 명백히 군주정을 선호하기는 하지만, 다른 형태의 정부가 지닌 장점도 잘 알고 있었다. 그의 말에 의하면 민주정에는 위대한 인물들이 많고 그 시민법은 자연적 정의에 가장 가깝다. 그가 본 귀족정의 장점은 그것이 인간 사회의 영원한 속성인 자연적 불평등에 기초를 두고 있다는 것이다. 귀족정은 최고의 권위를 누릴 가치가 있는 사람들에게, 유능한 사람들에게, 또 좋은 가문에서 태어난 사람들에게 권위를 부여한다. 그는 모든 가능한 정치체제에 대해 관대했고, 왕권신수설은 분명 그의 주장에 포함되어 있지 않았다.[84] 게다가 그가 최선의 것이라고 믿었던 군주정이 모든 국민에게 적합한 것도 아니었다. 정부는 정부에 복종하는 국민에 의해서 변하지 않으면 안 된다고 그는 생각했다. 기후와 자연환경이 국민에게 미치는 영향에 대해 논한 제5서 1장에서 그는 각 지역과 국가의 차이가 사회·정치 제도의 다양성을 낳는다고 시사하고 이를 정당화한다.

근대적 의미에서 말하자면, 정치적 영역이 없다면 주권 이론에 근거한 국가도 존재할 수 없다. 그런데 주권 개념과 관련해 진정 문제가 되는 것은 주권 개념의 '수용'이다. 주권 개념은 봉건적 질서 속에서 이미 서서히 형성되기 시작했고, 13세기 말부터는 주권의 주요한 특징들이 발견되었으므로,[85] 주권 개념의 '등장'은 결정적인 요소가 아니다. 중요한 것은 이 개념이 권력의 중심 개념으로 확립되었을 때 부여된 새로운 의미다.

보댕이 절대주의의 초석을 닦았는가에 관한 문제에서 중

요한 것은 결국 보댕의 글이 어떻게 읽혔는가의 문제, 즉 수용의 문제다. 16세기 사람인 보댕이 사실 의식적이건 무의식적이건 간에 주권과 군주를 동일시하는 경향을 보이는 것도 사실이다. 게다가 근대 초의 프랑스 문화는 주권과 군주를 구분할 준비가 되어 있지 않았다. 양자의 기계적인 구분이 가능해진 것은 적어도 홉스에 이르러서였다. 그렇다면 이 사이에 어떤 변화가 있었던가? 이는 보댕에 헌정된 이 책에서 다루어질 성질의 것이 아니지만, 여기에서는 주권과 군주의 혼동이 프랑스에서 꽃핀 절대 왕정 이론에 분명한 영향을 끼쳤고, 이 때문에 보댕의 주권 이론은 얼마든지 국왕의 개인적 인격이 공적이며 주권적인 인격으로 융화될 수 있었다는 점을 지적하고자 한다. 보댕은 결코 절대주의자가 아니었다. 다만 그의 주권론이 이미 중세에 이론적 기초가 성립되기 시작한 절대주의 교리에 새로운 생명력을 불어넣었다고 말할 수는 있을 것이다.

보댕의 이론은 구체제 프랑스 절대왕정의 공식적인 교리서 중의 하나가 되었다. 《국가론》은 그가 생각한 것 이상으로 급진적이었다.[86] 보댕 이전의 정치학자들이 강조했던 제도적인 권력 제한 장치들은 거의 전부 강제적인 힘을 잃게 되었다. 즉 국왕 권력의 자의적 행사를 방지하기 위한 삼부회 또는 고등법원의 역할은 국왕 권력 안에 흡수, 통합되었다. 《국가론》의 영향은 프랑스에만 국한되지 않았다. 영국과 독일에서 보댕의 주권 이론은 다양한 방식으로 수용되고 발전되었다. 정치적 투쟁으로 점철된 17세기 영국에서 보댕은 왕당파에게 훌륭한 무기고가 되어주었다. 보댕의 이론은 왕권을 제한하던 중세의 유제들을 무력화했다. 보댕의 이론이 구현된 프랑스의 절대 왕정에서는 궁정이 지니고 있던 법령에 대한 검토권이 단순한 행정적 기능이 되었고, 고등법원에는 단순한 자문 역할만이 허락되었다.

네덜란드에서는 법철학자인 그로티우스Hugo Grotius와 푸펜도르프Samuel Pufendorf가 보댕의 이론에 지대한 관심을 보였다. 그러나 절대주의 이론에 대한 그들의 관심은 영국이나 프랑스에 비해 훨씬 덜 이데올로기적이었다. 그들은 어떤 군주도 결코 절대적인 존재가 될 수 없다는 명제를 논증하려 하지 않았다. 절대주의는 그들에게 현실이며 하나의 주어진 조건으로 받아들여졌기 때문이다. 문제는 인민이 일종의 계약을 통해 절대 권력을 양도할 수 있으며, 절대주의는 개인의 권리를 부정하지 않으면서 국민의 안전이라는 목표에 가장 근접할 수 있는 국가 형태라는 점을 입증하는 것이었다. 그들은 왕위에 필연적으로 결부된 왕국의 기본법을 암묵적인 계약으로 해석했으며, 무저항의 원리도 덜 엄격하게 적용했다. 그로티우스와 푸펜도르프는 절대적인 복종을 내용으로 하는 정치적 계약은 인민이 합법적으로 선택할 수 있는 수많은 계약 중의 하나일 뿐이라고 주장했다. 나아가 그들은 절대적인 복종이 이론적으로 가능할 뿐만 아니라 프랑스의 예를 들면서 그것이 현실적으로도 실재했음을 지적했다.

5. 《국가론》의 현대적 의미

21세기를 살아가고 있는 우리에게 500년 전에 나온 책인 《국가론》이 무엇을 일깨워줄 수 있을까? 오늘날 우리가 살고 있는 이 시간과 공간은 보댕의 그것과는 엄연히 다르다. 예를 들어 보댕이 최선의 국가 형태로 여겼던 왕정 국가는 이제 시대착오적인 과거의 유물이 되어버렸다. 인류 역사에서 가장 오래되고 또 가장 자연스러운 것으로 여겨졌던 왕정은 민주정에 자리를 내주었다. 현대의 대표적인 정치체제인 민주정에서 주권자는 인민이며, 누구도 이 점을 문제 삼지 않는다. 근대 정치사상의 핵심 가운데 하나는 '훌륭한 국가'를 위해서 군주 주권이 적합한가 아니면 인민 주권이 적합한가를 밝혀내는 일이었는데, 보댕이 제시한 주권의 개념을 기준점으로 삼았을 때 근대 이후 정치사의 의미는 어느 정도 분명해진다. 그것은 바로 하나의 부적합한 공평성의 원리로부터 다른 의지에 근거를 둔 또 하나의 원리로 이행하는 것이다. 달리 표현하자면 부당한 주권자로부터 정당한 주권자로의 이행, 즉 군주 주권으로부터 인민 주권으로의 이행이다. 물론 이러한 이행은 단선적이지 않았고, 언제나 극적인 과정을 겪었다. 여기에서 짚고 넘어가야 할 사항은, 주권의 주인이 누구인가에 대한 논의가 인류의 근대사를 관통했지만 주권 그 자체에 대한 보댕의 정의는 오늘날에 이르기까지 여전히 생명력을 잃지 않고 있다는 것이다. 국가의 의미가 흐려질 대로 흐려지고 이 지구 한 곳에서는 전통적인 국가가 아닌 초국가적 공동체에 대한 대담한 실험이 가속화되고 있는 21세기에, 보댕의 이론을 통해 주권과 국가의 의미를 되새겨보는 것이 전혀 의미 없는 일은 아닐 것이다.

물론 지나치게 냉소적인 시각일지는 모르나, 오늘날 인민의 주권이란 그저 정치적 수사에 지나지 않는 것으로 보이기도 한다. 우리의 정치 현실을 마주하면서 주권 인민이 아니라 주권 정당을 말해야 하는 게 아닐까 하는 회의가 들기 때문이다. 국민의 주권을 한시적으로 위임받아 대리 행사를 하는 집단인 국회의 행태를 보면 이 나라의 진정한 주권자가 누구인지 의심해보지 않을 수 없다. 우리 보통 사람들은 우리가 진정 주권자인가 하는 의문을 떨쳐버리기 힘들다. 우리가 지닌, 보다 정확하게 표현하자면 우리가 참여하고 있는 주권이란 그저 선거철에 하나의 표로써 반짝 빛을 발하고 마는 것은 아닌가? 또한 자국의 진로를 결정할 때 강대국의 입김을 배제할 수 없기에 과연 이 나라가 진정한 주권 국가인가에 하는 의문이 생기는 것도 사실이다. 정치꾼들의 전횡과 강대국의 지배적인 간섭 탓에 우리는 싫으나 좋으나 주권의 문제를 고민할 수밖에 없는 처지에 놓여 있다. 누구를 탓하랴?

　인류의 역사에서 국가는 지속적인 성장세를 유지해왔다. 특히 중세 성기에서부터 오늘날에 이르기까지 천 년 동안 서구에서는 국가 권력과 정부와 정치 제도가 다른 자율적인 정치 권력 보유자와 백성들을 희생시키면서 지속적으로 성장해왔다. 그 최후의 결과가 바로 근대 유럽의 국가인 셈이다. 이 국가는 분명한 경계선을 지닌 하나의 영토, 모든 종류의 합법적인 권력 사용을 독점하는 완전한 주권 그리고 동일한 권리와 의무를 지닌 비교적 동질적인 국민 대중에 의해 특징지어진다.

　그러나 이 결과에 이르기까지의 과정에서 처음 시작되었을 때의 상황은 오늘날과는 분명히 달랐다. 초기에 국가 지배자들은 단지 동등한 봉건 제후들 중의 일인자에 불과했고, 경쟁적이며 자율적인 수많은 다른 권력 보유자들과 공존해야 했다. 그러나 오늘날에는 20~30여 개 국가들이 권력을 독점하고 있으며, 그 외의 국가는 국민의 지위로 강등되었다. 처음에는 지배자의 권위가 신성한 것으로 간주되고, 종교로부터 외부적인 합법성을 제공받았지만, 오늘날 국가는 더 이상 신의 은총에 의한 지배라는 신화적인 형상을 필요로 하지 않는다. 지배자의 정통성은 이제 국가와 백성 사이에 존재하는 허구적인 통일성에서 비롯되기 때문이다. 최초에 지배자의 임무는 정의와 평화를 수호하는 것에 한정되었고, 게다가 국왕만이 이러한 과업에 참여하는 것도 아니었다. 그러나 오늘날 국가는 인간이 존재하는 모든 영역에 권한을 미치며, 상황에 따라 얼마든지 이러한 권한을 확대할 수 있다. 국가가 자신의 능력의 범위와 한계를 결정할 수 있는 권한을 획득했기 때문이다. 최초에 지배자는 오로지 개인적인 종사와 추종자를 거느렸을 뿐 자신의 의지를 실행해줄 만한 전문가들을 갖고 있지는 못했다. 그러나 오늘날에는 전체 국민의 상당수가 국가에 전문적으로 봉사하는 사람들이 되었다. 천 년 전에 국가는 군사력에 대한 어떤 독점적인 명령권도 지니지 못했다. 오늘날의 국가는 거대한 군사력을 보유하며, 전시에는 전체 국민을 소집할 수도 있다. 처음에 군주는 자신의 장원에서 나오는 수입만으로 살아야 했다. 그러나 오늘날 국가는 국민총생산의 절반 이상을 가져간다. 예전의 백성들은 자신들의 지배자에 대해 많은 것을 기대하지 않았지만, 오늘날의 국민은 엄청나게 많은 것을 국가에 요구한다.

현대인의 눈에 중세 시대에서 19세기까지의 정치사상의 역사는 이러한 정치적 변화를 둘러싼 일련의 지적인 반응으로 비칠 것이다. 보댕의《국가론》역시 이러한 반응 가운데 하나인 셈이다. 국가의 발전을 이해하려는 노력은 국가를 정당화하려는 시도일 수도 있고, 성장하는 국가 권력에 반대하는 집단, 예를 들어 교회, 귀족, 부르주아지, 프롤레타리아트의 이해관계를 대변하는 이론적 시도일 수도 있다. 그러나 이러한 지적인 반응은 전통적으로 국가의 존재를 과정의 문제로 인식해왔다. 국가의 발전은 일종의 자연적 성장 과정으로 여겨졌던 것이다. 그래서 '국가의 발명'을 운운하는 것은 산초 판자와 같은 어리석은 이가 잠을 누가 발명했느냐고 묻는 것처럼 우스꽝스러운 일로 여겨졌다.[87] 잠과 마찬가지로 국가는 발명된 것이 아니기 때문이다. 국가는 언제나 거기에 있어왔고, 국가의 부재는 잠을 자지 않는 것처럼 비정상적인 것이다.

근대 국가의 기원에 대한 진지한 물음이 제기되기 시작한 것은 아마도 제2차 세계대전 이후부터일 것이다. 전체주의 국가에 대한 경험이 전통적인 국민국가에 대한 확신을 뒤흔들어놓은 탓도 있겠지만, 무엇보다 제2차 세계대전 이후 새로운 국가들이 여럿 탄생하면서 국가의 역사적 성격이 강조되었기 때문일 것이다. 그 결과 근대적이고 유럽적인 국민국가란 전 세계 역사의 최종적인 귀결이기는커녕 오히려 세계적인 성공을 거둔——바로 유럽의 세계 지배로 드러난——지극히 유럽적인 역사적 산물이라는 결론이 도출되었다.(그런데 그 궁극적인 성공의 순간에 이르러 근대 국가가 새로운 초국가적인 조직에 의해 주권의 일부를 잃어버리기 시작한 것처럼 보이는 것은 왜일까? 물론 이 문제는 이 해제에서 다룰 만한 것은 아니고,

하나의 독립적인 연구 주제가 되어야 할 것이다.) 따라서 근대 국가를 향한 유럽사의 여정에서 중세와 근대를 통해 성장한 국가 권력은 더 이상 자연스러우며 정상적인 정치 현상으로 비치지 않았으며, 오히려 설명을 요구하는 특별한 경우로 간주되었다.

유럽 국가의 역사를 되짚어보아야 하는 이 시점에서 보댕의 새로운 현재성이 부각된다. 그의 주권 이론은 오늘날 너무 당연해서 굳이 상기할 필요조차 없는 것이 되었는지 모르지만, 모든 형태의 법제적 체제에는 모든 결정에 통일된 질서를 부여하는 하나의 법제적 기준 혹은 최종 권위가 존재해야 한다는 정치적 사유는 바로 그의 주권 이론에서 유래했다. 모든 정치 공동체에는 주권이 존재해야 하며, 이 주권은 언제나 전체 공동체가 인정하는 기준에 따라 성립되어야 한다. 이것이 국가의 핵심이다. 보댕은 이러한 주권이 오늘날 우리가 정부라고 부르는 것에 필연적으로 귀속된다고 잘못 생각하는 경향을 보이기는 하지만, 주권에 대한 진지한 고찰이 그에 의해 시작되었다는 사실은 부정하기 힘들다.

빠르게 변해가는 세계 질서, 유럽 통합, 미국 중심의 세계화 앞에서 국가라고 불리는 공동체와 그것의 정치 질서의 핵심인 주권의 의미를 곱씹어보는 것은 가치 있는 일이다. 나아가 역사적 형성물로서의 국가, 즉 주권을 토대로 한 국가가 지닌 도덕성에 대한 우리의 확신이 여전히 유효한 것인지도 자문해볼 필요가 있다. 그런 다음에 질문할 것은 미래의 공동체, 주권을 모델로 하지 않는 다른 정치 공동체는 불가능한가 하는 것이리라. 이 모든 의문과 궁금증을 풀어나가는 과정에서 보댕은 거듭 재발견되고 현재적 의미로 되살아날 것이다.

1 일반적으로 이 책을《국가론》이라고 한다. 그러나 원제 Les six livres de la République를 직역하면 '국가론 6서', 이를 좀 더 풀면 '국가에 관한 6권의 책'이 된다. 이 책에서는 일반적인 관례를 따라《국가론》이라고 한다. 그런데 République라는 단어를 '국가'로 번역하는 것은 엄밀한 의미에서 그다지 적절하지 않다. 보댕Jean Bodin은 프랑스어로 이 책을 썼지만, 이 시기 유럽의 대다수 지식인들과 마찬가지로 라틴어로 사유했을 보댕에게 이 단어는 '공적인 것'이라는 뜻의 라틴어 res publica에 상응하는 말이었을 것이다.

2 조비오Paolo Giovio(1483~1552)는 이탈리아의 역사가이자 인문주의자다.

3 스키피오 아프리카누스Scipio Africanus(기원전 236~기원전 184/183)는 로마의 장군으로, 대大 스키피오 아프리카누스라고도 불린다. 제2차 포에니 전쟁(기원전 218~기원전 201) 기간 중이던 기원전 205년에 집정관이 된 그는 원로원의 반대에도 불구하고 아프리카 공격을 결의했고, 기원전 202년에 아프리카의 자마에서 한니발을 무찌르고 제2차 포에니 전쟁을 종결시켰다. '아프리카누스'라는 칭호는 이때 붙여졌다. 그 후 감찰관, 원로원 수석으로서 친親헬레니즘 정책을 취하며 로마 정계를 지배했다.

4   폴리비오스Polybios(기원전 200~기원전 118)는 고대 그리스의 역사가
     이자 정치가다. 대 스키피오 아프리카누스 장남의 양자인 소小 스
     키피오 아프리카누스에게서 경애를 받았고, 스키피오 그룹의 중
     심 인물 중 한 사람이 되었다. 역사에도 뛰어난 지식을 지녀 40권으
     로 이루어진《역사Historiae》를 썼다. 제1차 포에니 전쟁에서 기원전
     144년까지의 로마 역사를 그리스어로 기록한 이 책에서 그는 로마
     의 세계 지배는 체제의 우수성에 기인한다고 결론지었다.

5   대大 카토Marcus Porcius Cato(기원전 234~기원전 149)는 로마의 정치
     가이자 웅변가다. 제2차 포에니 전쟁에서 공을 세운 후 집정관이 되
     었고, 다시 9년 뒤 감찰관으로서 로마의 도덕적·사회적·경제적 재
     건을 기도했다. 헬레니즘화 풍조에 반대하여 고古로마적인 실질성·
     강건성의 회복을 역설했고, 또한 중소 토지 소유자를 옹호했다. 한
     편 반反카르타고 정책을 계속 채택해 제3차 포에니 전쟁 전야에 주
     전론主戰論을 주창한 것으로 유명하다. 문인으로서는 라틴 산문학의
     시조로 일컬어지며, 라틴어로 된 로마 최고最古의 역사서《기원론
     Origines》(7권)과《농업론De agri cultura》을 저술했다.

6   plusieurs는 현대에 와서 '여럿', '몇 개의'라는 뜻을 갖게 되었지만,
     근대 초에는 '많은'이라는 뜻으로 사용되었다.

7   하이르 앗 딘 바르바로사(1476~1546)는 시칠리아 출신의 해적이었
     다가 후에 오스만 제국 술탄 슐레이만의 신하가 되어 제독으로서
     활약한 인물이다. 신성 로마 제국 황제 카를 5세의 함대를 격파해
     프랑스와의 동맹을 이끌어내기도 했다.

8   드라구트 레이스(1520~1565)는 해적이었다가 바르바로사의 휘하
     에 들어가 오스만 제국을 위해 활약했다.

9   파샤는 고대 투르크어에서 수장首長을 의미한다.

10   비리아트Viriat(혹은 Viriathe)는 루시타니아(로마 시대에 이베리아 반도

서부에 있던 속주)의 지도자로, 153년경 암살당할 때까지 로마의 지배에 맞서 루시타니아인들의 저항을 주도했다.

11 바로Marcus Terentius Varro(기원전 116~기원전 27)는 로마의 학자다. 제1차 삼두 정치 기간에 폼페이우스를 섬겼고, 후에 카이사르로부터 로마에 공공 도서관을 세우라는 명을 받았다. 총 74편의 저작을 남긴 다작가로서, 로마 시대의 백과전서파로 불린다.

12 쿠르소르Papyrius Cursor는 기원전 384년경에 활동한 로마의 군사 호민관이다.

13 노老 막시무스Fabius Maximus(?~기원전 388)는 임브리니움에서 벌어진 셈족과의 전쟁에 참여한 로마의 기병대장으로서 전투를 승리로 이끌었지만, 당시의 독재관 파피리우스의 승인 없이 행동함으로써 미움을 샀다. 훗날 다섯 차례에 걸쳐 집정관이 되었다. 포에니 전쟁에서 한니발에게 맞서 싸운 로마의 장군 막시무스의 조부다.

14 킨키나투스Lucius Quintus Cincinnatus(기원전 519~기원전 439)는 기원전 5세기경의 로마 전쟁 영웅이다.

15 프리스쿠스Servilius Priscus는 기원전 468~기원전 466년에 로마의 집정관이었고, 기원전 435년에 독재관이 되었다.

16 마메르쿠스Aemilius Mamercus는 기원전 484년에 로마의 집정관이었다.

17 크니도스는 소아시아 남서안에 있던 도리아계의 그리스 고대 도시다.

18 케른텐은 오스트리아 남단의 산악 지역이다.

19 가비니우스Aulus Gabinius(?~기원전 47)는 로마의 정치가다. 기원전 67년에 지중해의 해적들을 소탕하기 위한 특별 명령권을 폼페이우스에게 부여하는 가비니우스 법을 제안했다.

20 코르넬리아 법은 술라 시대에 제정된 법률이다.

21 바르톨로Bartolo da Sassoferrato(1314~1357)는 이탈리아의 법률가다.

페루자 대학에서 로마법을 강의했고, 황제 카를 4세의 총애를 받았다.

22 로피탈Michel de L'Hospital(1507~1573)은 프랑스의 정치가다. 고등
법원 법관이었으며, 섭정 모후인 카트린 드 메디치에 의해 재상으
로 등용되었다.

23 구약성서 〈예레미야〉 9장 23절의 내용이다.

24 영국 시에 소네트 형식을 도입한 와이엇Thomas Wyatt(1521~1554)
과 서리 백작 하워드Henry Howard(1517~1547)를 말한다.

25 카이킬리우스Sextus Caecilius는 대략 2세기경에 활동했던 로마의 법
률가이자 기독교 사상가다.

26 카시우스Dio Cassius(155~235)는 그리스 출신의 역사가이자 로마
제국의 관리이며, 《로마사Romaika》의 저자다.

27 카시오도루스Flavius Magnus Aurelius Cassiodorus(480~575)는 로마 시
대의 문인이다. 테오도리쿠스 황제 밑에서 집정관의 지위에까지 올
랐고, 은퇴해서는 시칠리아의 수도원에 칩거했다.

28 성 미카엘 기사단을 말한다. 1469년에 루이 11세에 의해 창설된 이
기사단은 루이 11세를 중심으로 36명의 기사들로 구성되었다.

29 파카투스Pacatus는 4세기 말엽에 활동한 성인전 작가이자 시인이다.

30 아리스테이데스Aristeidēs(기원전 550~기원전 467)는 아테네의 정치가
이자 장수다. 마라톤 전투를 승리로 이끈 지략가였지만 정적 테미스
토클레스Themistocles에 의해 도편추방되었다. 페르시아의 재침이 있
자 다시 아테네로 돌아왔고 이후 델로스 동맹의 성립을 주도했다.

31 동일 가계의 회수retrait lignager란 가족의 재산을 매각한 자의 친인
척이 '1년과 하루'가 지나기 전에 그 재산을 회수할 수 있는 관습이
다. 잠정적 상속인의 이익을 보호하기 위해 만들어졌으나 15세기
이래로 가문의 입지를 유지하는 수단으로 간주되었다.

32 물랭Charles du Moulin(1500~1566)은 프랑스의 법학자다.

33 《정치가들Polycraticus》은 솔즈베리의 존John of Salibury이 1159년에 쓴 저서다.

34 발두스Baldus de Ubaldis(1327~1400)는 이탈리아의 주석학파 법률가로, 근대 로마법의 형성에 대한 바르톨로의 업적을 이어받아 발전시켰다. 유스티니아누스 법전 주해와 법 실무에 대한 조언뿐만 아니라 교회법 주석서도 저술했다. 근대 로마법의 체계화에 공헌했다.

35 핀다로스Pindaros(기원전 518~기원전 438)는 그리스의 시인이다.

36 샤롤레Charolais는 부르고뉴 공 샤를의 장남이다.

37 트라시불로스Thrasybulos(?~기원전 388)는 기원전 404년에 스파르타와의 전쟁에서 패한 아테네에서 스파르타의 압력하에 선출된 30명의 참주를 축출한 인물이다.

38 아라토스Aratos는 기원전 3세기경의 그리스 스토아학파 철학자이자 시인이다.

39 보댕의 생애에 관한 고전적인 해석은 주로 17세기 말 프랑스의 프로테스탄트 사상가였던 벨Pierre Bayle의 《비판적 역사 사전Diction-naire historique et critique》(1696)에 의거한 것이다. 이 사전의 장점은 오늘날에는 전혀 접근할 수 없는 당대의 살아 있는 증언들을 이용하고 있다는 것이지만, 그렇다고 해서 벨의 사전이 전혀 결함이 없는 것은 아니다. 20세기에 들어서면서 많은 역사가가 보댕의 사회적 기원과 성장 과정을 밝히기 위해 사료 발굴에 매진했고, 그 결과 몇몇 중요한 저작들이 벨이 남긴 공백을 부분적으로 채워갔다. 보댕에 관한 대표적인 연구서로는 다음의 책이 있다. Roger Chauviré, *Jean Bodin, auteur de La République*(Paris: Champion, 1914); Henri Hauser, "De quelques points de la bibliographie et de la chronologie de Jean Bodin", *Volume in onore del Prof. Giuseppe Prato*(Turin, 1930); "Un précurseur: Jean Bodin Angevin", *Annales d'Histoire économique et*

sociale(Paris, Armand Colin, 1931), t. III; Jean Bodin, "Actes du Colloque interdisciplinaire d'Angers", *Presses de l'Université d'Angers*(1984년 5월 24~27일; 합본(1985), 제2권). 이 해제에서는 구아야르 파브르Simone Goyard-Fabre의 *Jean Bodin et le droit de la Républi-que*(Paris: PUF, 1989)를 주로 참조했다.

40 Henri Hauser, "Un précurseur: Jean Bodin Angevin", *Volume in onore del Prof. Giuseppe Prato*, 379쪽.

41 뷔데Guillaume Budé(1468~1540)는 프랑스의 인문주의자다. 파리의 법복 귀족 가문 출신으로 법학과 그리스어를 공부했고 프랑수아 1세의 도서관장직을 맡기도 했다.

42 성 바르텔르미 축일의 대학살 사건은 1572년 8월 23일 자정부터 24일 아침 사이에 파리에서 벌어진 신교도에 대한 대량 학살 사건을 말한다. 같은 달 18일에 거행된 마르가리타 드 발루아Margarita de Valois와 앙리 드 나바르Henri de Navarre의 결혼식에 참석하기 위해 파리에 모인 신교도 인사들이 주된 희생양이 되었다. 이틀 전에 발생한 신교도 콜리니Gaspard II de Coligny 제독에 대한 암살 미수 사건이 촉진제의 역할을 한 것으로 보인다. 파리 인근 지역에서만 약 3,000명의 희생자가 발생했다.

43 정치파는 종교 전쟁기에 신교도인 왕위 계승자 부르봉 왕가의 앙리 드 나바르에게 맞서 결성된 과격한 가톨릭 세력인 신성 연맹Sainte Ligue으로부터 분리되어 나온 제3의 당tiers parti이다. 이들은 앙리 4세의 종교에는 반대했지만 왕위 계승자로서의 그의 적법성은 인정했다. 당시 신성 연맹은 에스파냐의 펠리페 2세에게 접근해 필요하다면 에스파냐 왕실의 인물을 프랑스의 왕으로 추대하려는 움직임을 보였다. 온건 가톨릭 세력은 이러한 움직임에 경악하면서 프랑스의 고유한 갈리아주의를 고수하고자 했고, 결국 종교 전쟁에

대한 정치적 해법, 즉 앙리 4세의 개종을 주장했다. 신성 연맹과 정치파의 갈등은 1592년 겨울에 고등법원 내의 정치파 인사들에 대한 신성 연맹의 보복으로 이어져, 브리송Barnabé Brisson과 타르디프Châtelet Tardiff 판사가 반역 혐의로 처형당했다.

44 대다수 신교도들에게 성 바르텔르미 축일의 대학살은 1560년대 말 이래 왕정이 취해온 방향을 확인시켜주는 것이었다. 왕정은 가톨릭 세력의 편을 듦으로써 중재자로서의 역할을 포기하고 진정한 신앙을 인정하지 않으려는 자세를 보여준 것이었다. 학살의 충격에서 헤어나지 못한 채 왕을 자기 편으로 이끌려는 모든 희망이 좌절되자, 신교도들은 1560년대에 기즈 공과 같은 그릇된 정치가들에게만 책임을 전가하고 국왕에 대해서는 변함없는 충성을 보였던 것과는 달리 정치적 저항 이론을 만들기 시작했다. 이론가와 팸플릿 저자들은 독창적인 정치종교 사상을 발전시켰고, 이들은 모나르코마크monarchomaque——문자 그대로 '왕에 맞서 싸우는 자들'——라는 이름을 갖게 되었다. 이들은 주권 사상을 비판하면서 왕권신수설을 거부하고 국왕절대주의의 정당성에 의문을 제기했다. 그리고 주권은 왕과 인민 사이에, 아니면 최소한 왕과 엘리트sanior pars 사이에 맺어진 계약이라는 중세적 사유에 기반을 둔 주권 이론을 내세우고 권력을 남용하는 폭군으로서의 국왕에 대한 반란을 정당화했다. 프랑스 신교도 측의 대표적 이론가로는 오트망François Hotman, 베즈Théodore de Bèze, 뒤플레시 모르네Philippe Duplessis-Mornay 등을 꼽을 수 있다. 그러나 신교도인 앙리 드 나바르가 왕위 계승자로 등장하면서 모나르코마크 이론은 일순간 가톨릭에서도 채용되었고, 이를 대변한 파리의 설교가 부셰Jean Boucher는 교회의 국왕폐위권을 주장하기도 했다.

45 돌레Etienne Dolet(1509~1546)는 프랑스의 시인, 인문주의자다. 파도

바와 베네치아에서 수학했으며, 1533년 학생 조직에 대한 툴루즈 고등법원의 결정에 반대하는 운동을 시작한 이래 자유 사상가로 발전했다. 1538년에 프랑수아 1세로부터 왕립 출판소 운영을 위임받아 출판업에 종사하게 되었고, 프랑스어판 신약성서를 출판하는 등 당시에 논란의 소지가 많았던 책들을 출간했다. 1546년에 이단이자 무신론자라는 혐의로 체포되어 화형당했다.

46 베즈(1519~1605)는 프랑스의 칼뱅주의 개혁가다. 1548년 개종한 이후 제네바에서 칼뱅Jean Calvin의 협력자가 되었으며, 1561년에 푸아시 종교 회의에서 프랑스 신교도 대표로 논쟁에 참여했다. 1564년에 칼뱅이 사망하자 그의 뒤를 이어 제네바를 통치했다.

47 《국가론》에도 이와 비슷한 주제를 다룬 부분이 있다. 본 역서에 실리지 않은 부분인 《국가론》 제6서는 상업과 재정의 문제를 방법론적으로 연구한 것인데, 여기서 보댕은 이미 상품의 사회적 가치가 지닌 상대성에 의해 지배되는 경제적 문제들을 간파하고 있다. 경제 분야에 관해서만큼은 보댕은 대단히 근대적인 사상가로 비친다. 가격 변동, 귀금속의 유동성, 생산성, 가격 상승과 같은 문제에 접근하고 있기 때문이다.

48 오트망(1524~1590)은 프랑스의 법률가이며, 프랑스 신교 측의 대표적인 팸플릿 저술가다. 성 바르텔미 축일의 대학살 이후 제네바로 망명했다.

49 Henri Baudrillart, *Publicistes modernes*(Paris: Didier et Cie., 1863), 236쪽.

50 Simone Goyard-Fabre, *Jean Bodin et le droit de la République*, 14쪽.

51 루아조Charles Loyseau(1556~1627)는 프랑스의 법률학자다. 《영주권론*Traité des seigneuries*》, 《관직론*Traité des offices*》 등을 썼다.

52 Janine Chanteur, "L'idée de loi naturelle dans *La République* de Jean Bo-

din", *Actes du Colloque Internationale Jean Bodin à Munich*(Munich: C. H. Beck, 1973), 195쪽.

53 이 책 17~18쪽을 참고하라.

54 잔 달브레Jeanne d'Albret(1528~1572)는 마르그리트 당굴렘Marguerite d'Angoulême의 딸이자 앙리 4세의 모친이다. 1555년에 나바르 왕국의 여왕이 된 그녀는 1567년에 공개적으로 개종을 선언했고, 프랑스 신교도들의 상징적 지도자가 되었다.

55 앙투안 드 부르봉Antoine de Bourbon(1528~1562)은 1548년에 나바르의 여왕인 잔 달브레와 결혼하면서 칼뱅파로 개종했다.

56 앙리 드 나바르는 출생과 함께 가톨릭 세례를 받았지만, 1559년 어머니와 함께 칼뱅교로 개종했다. 여덟 살이 되면서 왕궁에서 교육받기 위해 아버지를 따라갔고 그곳에서 가톨릭으로 개종했지만, 몇 달 뒤 왕궁을 떠나면서 칼뱅교를 다시 찾았다. 그는 마르가리타 드 발루아와의 혼인을 계기로 발생한 바르텔르미의 대학살의 위기를 모면하면서 가톨릭으로 다시 개종해야 했지만, 파리를 탈출하면서 다시 칼뱅교의 품으로 돌아갔다. 그러나 오랜 종교 전쟁을 끝내고 프랑스 왕위에 오르기 위해서 그는 1593년 7월 25일 가톨릭교로의 개종이라는 정치적 선택을 감행했다.

57 아리스토텔레스의 경제와 정치의 관계를 이해하기 위해서는 한 가지 개념을 더 첨가해야 한다. 바로 수신修身monastique 개념이다. 이 세 개념은 일정한 위계를 지닌다. 가장 초보적인 것이 수신mono-tique이고, 그다음이 집안 살림의 의미로서의 경제économique이며, 최종적인 것이 다수의 통치라는 의미를 지닌 정치 politique다. 이러한 아리스토텔레스의 구분법은 '수신제가 치국평천하修身齊家治國平天下'에 익숙한 우리에게 그다지 낯설지 않을 것이다. 아리스토텔레스의 생각과 이 중국의 교훈 간에 차이점이 있다면, 고대 그리스는 평

천하天下를 생각할 수밖에 없었던 고대 중국에 비해 땅덩이가 작았다는 점 정도일 것이다. 그리고 정치와 수신의 관계와 거리에 관해 생각할 때마다 청와대와 백담사의 이미지가 머리에 떠오르는 것도 무리는 아닐 것이다.

58 주권이라는 말은 이미 중세에 등장해, 상대적으로 우월한 권위를 묘사하는 데 사용되었다. 이 단어는 16세기에 와서 최상급의 의미를 띠기 시작했다. 그것은 어떤 다른 원천도 갖지 않고 어떤 상위 권력도 인정하지 않는 권위를 의미했다. 보댕은 이 주권이라는 말을 새로운 의미로 사용했을 뿐이다.

59 Simone Goyard-Fabre, *Jean Bodin et le droit de la République*, 87쪽.

60 역사가 길모어Myron Piper Gilmore가 지적한 대로 "이 완전한 명령권의 역사는 사상사에 있어서 개념의 지속성을 보여주는 놀라운 예다. 그러나 단어는 바뀌지 않았으나 그것이 적용된 현실은 완전히 다른 것이었다". Simone Goyard-Fabre, *Jean Bodin et le droit de la République*, 12쪽에서 재인용.

61 Charles Loyseau, *Traité des seigneuries*(Paris: A. L'Angelier, 1610, 3e ed.), 2장 2절. Roland Mousnier, *La Plume, la faucille et le marteau*(Paris: PUF, 1970), 47쪽에서 재인용.

62 '왕의 두 신체'의 개념과 그 활용에 관해서는 Ernst Hartwig Kantorowicz, *The King's two bodies: A Study in Mediaeval Political Theology*(Princeton: Princeton Univ. Press, 1957; reed. 1997)을 참조.

63 Charles Loyseau, *Traité des seigneuries*, 2장 2절.

64 Jean Calvin, *Institution de la religion chrétienne*(Paris: Les Belles Lettres, 1939), IV, chap. 20, 31쪽.

65 Théodore de Bèze, *Du Droit des magistrats*(Genève: Droz, 1970), 15쪽.

66 François Hotman, *Francogallia ou la Gaule Françoise*((trans.) Simon

Goulart, (ed.) Cologne, 1574; reprint Paris: EDHIS, 1977).

67   Cardin Le Bret, *Traité de la souveraineté du Roi, de son domaine et de la Couronne*(Paris: A. Quesnel, 1632).

68   백상건,《정치사상사》(일조각, 1997), 232쪽.

69   Ellen Meiksins Wood, "The State and Popular Sovereignty In French Political Thought: A Genealogy of Rousseau's General Will", (ed.) Frederick Krantz *History From Below, Studies in Popular Protest and Popular Ideology*(Oxford: Blackwell, 1988), 83~112쪽, 102쪽.

70   Claude de Seyssel, *La grant monarchie de France*, (ed.) Jacques Poujol(Paris: S.H.F., 1961).

71   Ellen Meiksins Wood, "The State and Popular Sovereignty In French Political Thought: A Genealogy of Rousseau's General Will", 95~97쪽.

72   Raymond Carré de Malberg, *Contribution la théorie générale de l'Etat*(Paris: Sirey, 1920).

73   Charles Loyseau, *Traité des seigneuries*, 47쪽.

74   존 플라므나츠,《정치사상사 1: 마키아벨리에서 몽테스키외까지》, 김홍명 옮김(풀빛, 1986), 175쪽.

75   《국가론》제6서 4, 5, 6장은 바로 이러한 어려움을 설명한다. 훗날 루소는 이러한 보댕의 견해를 오류라고 비판했다.

76   사실 보댕이 민주정에 대해 고민하면서 가장 먼저 떠올린 인물은 '생각이 짧았던' 마키아벨리였다. 보댕이 보기에는 이 피렌체 사람이야말로 "민주정이 최고의 체제라고 판단하는 오류를 범한"(《국가론》제2서 7장) 인물이었다.

77   Nicolas Malebranche, *Traitté de morale*(Cologne: B. d'Egmond, 1683), 6쪽.

78   Cardinal de Richelieu, *Testament politique*(Caen: Centre de philophie

politique, 1985), 248쪽.

79 Léonore d'Etampes, *Dèclaration de messieurs les cardinaux arch-evesques, evesques et qutres ecclésiastiques, deputez en l'Assemblée générale du clergé de France, tenue à Paris. Touchant certains libelles, faicts contre le Roy et son estat* (Paris, 1626), 13쪽.

80 William Farr Church, *Richelieu and Reason of State* (Princeton: Princeton Univ. Press, 1972), 145~252쪽.

81 Denis Richet, "La monarchie au travail sur elle-même?", *De la Réforme à la Révolution* (Paris: Aubier, 1991), 440쪽.

82 보쉬에Jacques-Bénigne Bossuet(1627~1704)는 프랑스의 주교이자 사상가이며, 루이 14세 시대에는 국왕의 정치 고문이었다.

83 Jacques-Béigne Bossuet, *Politique tirée des propres paroles de l'Écriture Sainte* (Paris: P. Cot, 1709), 제4서 4장.

84 존 플라므나츠, 《정치사상사 1: 마키아벨리에서 몽테스키외까지》, 174~175쪽.

85 Joseph Reese Strayer, *Les origines médiévales de l'Etat moderne* (Paris: Payot, 1979), 69~70쪽.

86 Julian H. Franklin, *Jean Bodin et la naissance de la théorie absolutiste* (Paris: PUF, 1993), 172쪽.

87 Theodor Schieder, "Wandlungen des Staates in der Neuzeit", *Historische Zeitschrift*, 216(1973), 268쪽. Wolfgang Reinhard (ed.), *Power Elites and State Building?* (New York: Clarendon Press, 1996), 2쪽에서 재인용.

1. 정치사상사 개설서

옮긴이가 아는 한 국내에는 보댕의 저서들이 전혀 번역돼 있지 않으며, 보댕에 관한 전문적인 연구도 거의 없다. 단지 국내의 몇몇 정치사상사 개설서에 보댕과 그의 사상이 개략적으로 소개돼 있을 뿐이다. 이러한 책들은 개설서 내지 정치사상사 강의를 위한 교재의 성격을 띠고 있지만, 우리의 현실에서는 보댕을 처음 접하는 독자들을 위한 지침서로 이 책들을 활용하지 않을 수 없다.

김계주, 《구미정치사상사》(일조각, 1983)

이 책은 고대에서 현대에 이르기까지 서양의 정치사상을 설명한 대학 강의용 교재로, 제8장에서 보댕을 다룬다. 국가의 기원, 국가와 다른 사회 집단과의 관계, 주권, 국가와 정부의 구별, 혁명의 원인, 행정 등의 주제로 보댕의 사상을 소개하며, 그의 사상적 공헌을 점검한다. 저자는 보댕의 가장 중요한 공헌은 그가 사용한 방법론에 있다고 설명한다. 보댕은 선험적 사색보다 증명을 위한 역사적·경험적 고찰을 통해 객관적이고 과학적인 접근을 시도했다는 것이다. 나아가 마키아벨리와 비교했을 때 보다 풍부한 고전적 지식을 갖고 있었고 그래서 원숙한 국가 이론을 수립할 수 있었다고 보댕을 평가한다.

백상건, 《정치사상사》(일조각, 1966)

이 책은 제13장 '보댕의 정치사상' 부분에서 보댕의 생애와 대표작, 역사관, 국가론과 주권론 그리고 그에 대한 비판과 평가를 정리하고 있다. 저자는 보댕의 《국가론》은 16세기 당시에 가장 명석한 논술로 주권을 설명했지만 책의 구성 체계 탓에 그 중요성이 무시된 측면이 있다고 말한다. 나아가 지나친 개념 정의를 시도한 탓에 오히려 개념을 불명확하게 만든 경향도 있다고 말한다. 그러나 저자는 바로 이러한 불명확성으로 인해, 보댕 이후의 정치 철학이 껴안게 된 두 가지 문제가 제기되었다고 지적한다. 권력의 관점에서 보는 주권의 문제와 오랜 자연법 이론을 근대화하고 세속화하는 문제가 바로 그것인데, 전자를 체계화한 것이 홉스였다면 후자를 발전시킨 것은 그로티우스와 로크였다.

이종인, 《서양정치사상》(집문당, 1964)

고대 그리스의 정치사상에서부터 몽테스키외에 이르기까지 서구의 정치사상을 개괄한 이 책은 제14장을 보댕에게 할애하고 있다. 저자는 보댕의 사상을 국가의 기원과 그 사회적 기초, 공민권, 주권론, 국가와 정부의 형태, 혁명론, 정치와 행정의 제원칙 등으로 구분해 설명하고 정치사상사에서의 그의 위치를 점검한다.

정인흥, 《서구정치사상사》(박영사, 1971)

법학자인 저자가 종교 전쟁과 종교 전쟁기의 한 정치 세력이었던 '정치파'와의 관계하에서 보댕의 사상을 고찰한다. 정치파는 프랑스 종교 내전 당시 가톨릭과 신교도의 격렬한 대립 속에서 분란 해결과 정치적 안정을 위해 비종교적인 해법을 추구했다. 즉 강력한 군주권의 수립을 통한 평화의 수립을 추구했다. 저자는 보댕을 이러한 정치파의 지도자로 간주한다. 저자에 의하면 보댕의 사상에는 분명 비합리적인 면이 있지만, 그럼에도 그것은 과거의 종교적·신학적 방법과 결별하고 있다는 점에서 합리주의적이고 근대적이다. 특히 보댕의 주권론이 그러한데, 주권의 기원을 신에게서 찾지 않는다는 점, 나아가 주권에 절대적이고 항구적인 속성을 부여한다는 점에서 그렇다. 저자는 이로써 보댕이 국가의 통일성의 기본 원리를 제시했다고 평가한다.

조지 세이빈, 《정치사상사》, 성유보·차남희 옮김(한길사, 1997)

1937년에 처음 나온 이 책은 오늘날까지도 미국에서 정치사상사 교재로 가장 널리 사용되고 있다. 1973년에 저자의 제자인 솔슨Thomas Solson에 의해 부분적으로 수정 작업이 이루어지기는 했지만, 내용에는 큰 변화가 없다. 저자는 유럽사에 대한 폭넓은 이해를 바탕으로 플라톤과 아리스토텔레스에서부터 중세 교회의 정치 신학, 마키아벨리와 보댕, 18세기의 자연권 사상 그리고 최근의 자유주의, 사회주의, 파시즘에 이르기까지 서구 정치사상의 변화를 그 시대적 맥락과의 관련 속에서 긴 호흡으로 풀이해냈다. 이 한국어 판은 두 권으로 구성되어 있으며, 보댕에 관해서는 제1권 제19장에서 다루고 있다.

존 플라므나츠, 《정치사상사 1: 마키아벨리에서 몽테스키외까지》, 김홍명 옮김(풀빛, 1986)

마키아벨리에서 마르크스에 이르기까지 서구의 주요 사상가와 정치사상을 섭렵한 책이다[*Man and Society: Political and Social Theory*, 2 vols(New York: McGraw-Hill, 1963)]. 제1권 제3장에 보댕의 철학 일반, 관용론 그리고 정치 이론 등이 설명돼 있다. 옮긴이가 지적하듯이 이 책은 정치사상사라기보다는 여러 가지 정치사회 이론에 대한 하나의 비판적

고찰이다. 저자는 정치 이론을 낳은 당대 상황이나 다른 사상가들의 영향보다는 정치 이론 자체에 더 큰 관심을 보이며, 이론 자체와 그 공과에 대해 철학적으로 접근하고 있다.

2. 프랑스 근대사 관련 자료

보댕과 그의 사상을 직접적으로 다루지는 않았지만, 주권론에 관한 논의나 17세기의 프랑스 정치사상의 조류를 서술한 책과 논문들을 소개한다.

앙리 세, 《17세기 프랑스 정치사상》, 나정원 옮김(민음사, 1997)

저자 세Henri Sée는 17세기에 만개한 프랑스 절대주의 사상의 완성 과정과 같은 세기 후반부터 등장한 절대주의에 대해 비판적인 사상들의 여러 갈래를 두루 소개하고 있다. 이 책은 1923년에 처음 나왔지만 여전히 프랑스 정치사상사 개설서로서 유용하다. 독자들은 이 책을 통해 17세기의 다양한 프랑스 정치사상들을 만날 수 있다. 코키유, 루아조, 브레, 노데Gabriel Naudé, 보쉬에 같은 절대 왕정 지지자들, 리슐리외 추기경이나 루이 14세 같은 당시의 권력자들 그리고 페늘롱, 생시몽 공작, 생 피에르 신부, 벨 같은 반反절대주의자들 등이다. 일반 독자들에는 낯선 이름도 많을 텐데, 이들을 통해 대단히 흥미로운 시기의 다양한 정치사상적 흐름을 비교적 쉽게 접할 수 있다.

임승휘, 《절대왕정의 탄생》(살림, 2004)

이 책은 프랑스 절대 왕정의 이론적 기초에 관한 일종의 개설서로, 특히 절대 왕정의 형이상학적 측면에 주목하면서 중세 왕정으로부터 어떤 방식으로 절대주의 교리가 발전해왔는지를 살펴본다. 역사가 블로크Marc Bloch의 말대로 일종의 종교이자 자연의 질서로 간주되었던 프랑스의 왕정은 기독교의 여러 교리를 정치 영역에 접목시켜, '그리스도의 신비

한 몸'인 교회에 비견될 만한 '국왕의 신비한 몸'인 왕국이라든가, 성인聖
人의 초능력에 비견될 만한 국왕의 연주창 치유 능력 등의 개념을 발전
시켜왔다. 이 책은 그러한 중세 프랑스 왕정이 근대에 들어오면서 보댕
의 주권 개념, 왕 개인의 신격화 그리고 국가 기구의 발전을 통해 절대성
을 향해 나아가게 되었음을, 그리하여 왕을 통해 국가를 인격화하고 '국
가는 곧 왕'이라는 교리에 도달하게 되었음을 설명하고 있다.

3. 외국 자료

보댕과 그의 사상에 대한 해외의 참고 문헌들은 보댕에 관해 특별히 깊
은 관심을 가진 독자들에게 도움이 될 것이다.

오영달, 〈A Two Traditions Perspective on the Sovereignty-Human Right
Nexus〉, 웨일스대 박사 학위논문(Cardiff: Univ. of Wales, 2001)
근대 정치사상사에서 체계적인 주권 이론을 제시한 사상가들의 견해를
분석하면서, 주권과 인권의 관계에 대한 두 가지 이론적 전통이 있었음
을 설명한다. 즉 보댕, 홉스, 영국의 법학자 오스틴John Austin 등의 저서
에서 볼 수 있는 통치자 중심의 주권 그리고 로크, 루소, 스위스 국제법
학자 바텔Emerich de Vattel에게서 볼 수 있는 피치자 중심의 주권을 구분
하여 설명한다.

Actes du Colloque inter-disciplinaire d'Angers(Angers: Presses de l'Université d'
Angers, 1985)
Actes du Colloque international Jean Bodin a Munich(Munich: C. H. Beck, 1973)
Henri Baudrillart, *Publicistes modernes*(Paris: Didier et Cie., 1863)

Jean François Courtine, "L'Héritage scolastique dans la problématique théo-
logico-politique de l'Age classique", *l'Etat baroque: Regards sur la pensée
politique du premier XVIIe siècle*(Paris: Vrin, 1990), 89~119쪽.

Jean Touchard, *Histoire des idées politiques*(Paris: PUF, 1959)

Jens Bartelson, *A Genealogy of sovereignty*(Cambridge: Cambridge Univ.
Press, 1995)

Julian H. Franklin, *Jean Bodin et la naissance de la théorie absolutiste*(Paris:
PUF, 1993)

Lawrence C. Wanlass, *Gettell's History of Political Thought*(London: Allen &
Unwin, 1970)

Pierre Mesnard, *L'Essor de la philosophie politique au XVIe siècle*(1: Vrin, 1969)

Pierre Mesnard, *La pensée religieuse de J. Bodin*(Paris: PUF, 1929)

Ralph E. Giesey, "Medieval Jurisprudence in Bodin's concept of Sovereignty",
Actes du Colloque de Munich(Munich: C. H. Beck, 1973), 167~186쪽.

Raymond Carre de Malberg, *Contribution à la theorie générale de l'état*(Paris:
Sirey, 1920)

William Farr Church, *Constitutional Thought in XVIth Century France. A Study
in the evolution of ideas*(Cambridge, Mass.: Havard Univ. Press, 1941)

임승휘 orgalim@sunmoon.ac.kr

1965년생으로 자칭 '서울 촌놈'이다. 초등학교, 중학교 내내 지극히 모범적인 학생이었다. 이성에 눈뜨기 시작하면서부터 고민이 많아졌다. 끊임없이 탈선을 시도했지만, 천성 탓인지 결국 모범생으로 눌러앉았다. 1984년에 고등학교를 '우스운' 성적으로 마쳤지만, 본인도 놀란 화려한 학력고사 점수 덕분에 서울대학교 서양사학과에 수석으로 진학했다. 그래서 나 자신을 변화무쌍한 대한민국 대학 입시 제도의 대표적인 수혜자라고 생각한다.

법대를 가고 싶은 마음을 접고 역사학도의 길에 들어선 것은, 서양사 교수셨던 아버지의 회유와 협박 때문이었다. 그런데 훗날 아버지는 사실 아들이 철학을 공부하길 희망했는데 당신 눈에 아들이 철학을 할 만큼 머리가 좋아 보이지 않았다고 털어놓으셨다. 어찌 되었건 당시의 진로 결정을 잘된 것으로 평가하고 있다.

대학을 마친 뒤 프랑스사를 공부하기 위해 유학을 떠났고, 파리4대학교에서 석사 학위와 박사 학위를 받았다. 박사 학위논문은 〈17세기 전반 '진정한 가톨릭교도'의 정치사상〉이었다. 유학 시절은 고등학교 3학년 시절과 더불어 가장 열심히 공부했던 시절, 또 역사 공부에 대한 매력과 그 숨 막힐 듯한 재미를 발견한 시절로 남아 있다.

1998년 귀국한 뒤 여러 대학에서 서양사를 가르쳤고, 프랑스 근대사 연구에 전념했다. 현재는 선문대학교 인문학부 역사학과 교수로 재직하며 종교사 분야 연구에 몰두하고 있다. 저서로는《절대왕정의 탄생》이 있고, 논문으로는 〈두 국가 이성의 대립〉, 〈Mathieu de Morgues, Bon Francais ou Bon catholique?〉, 〈구체제 프랑스의 노블레스: 검과 혈통, 금권 그리고 관복〉, 〈프랑스의 왕〉 등이 있다.

국가론

초판 1쇄 발행   2005년 2월 25일
개정 1판 1쇄 발행   2023년 6월 2일
개정 1판 2쇄 발행   2024년 11월 15일

지은이   장 보댕
옮긴이   임승휘

펴낸이   김준성
펴낸곳   책세상
등록   1975년 5월 21일 제2017-000226호
주소   서울시 마포구 동교로23길 27, 3층 (03992)
전화   02-704-1251
팩스   02-719-1258
이메일   editor@chaeksesang.com
광고·제휴 문의   creator@chaeksesang.com
홈페이지   chaeksesang.com
페이스북   /chaeksesang   **트위터**   @chaeksesang
인스타그램   @chaeksesang   **네이버포스트**   bkworldpub

ISBN 979-11-5931-949-5 04080
        979-11-5931-221-2 (세트)